丛书编委会

大家精要

摩根索

聂圣平 著

morgenthau

陕西师范大学出版总社

图书代号 SK16N1493

图书在版编目（CIP）数据

摩根索 / 聂圣平著.—西安：陕西师范大学出版总社
有限公司，2017.1（2024.1重印）
（大家精要）
ISBN 978-7-5613-8863-1

Ⅰ.①摩…　Ⅱ.①聂…　Ⅲ.①摩根索（Hans J.
Morgenthau, 1904—1980）—传记　Ⅳ.①K837.127=5

中国版本图书馆CIP数据核字（2016）第324733号

摩根索　MOGENSUO

聂圣平　著

责任编辑　郑若萍　陈柳冬雪
责任校对　尹海宏
封面设计　张潇伊
出版发行　陕西师范大学出版总社
　　　　　（西安市长安南路199号　邮编 710062）
网　　址　http://www.snupg.com
印　　制　永清县晔盛亚胶印有限公司
开　　本　650 mm×930 mm　1/16
印　　张　10
字　　数　100千
版　　次　2017年1月第1版
印　　次　2024年1月第2次印刷
书　　号　ISBN 978-7-5613-8863-1
定　　价　45.00元

目　录

序　言

　　要了解当今世界的国际政治理论，必须要了解美国的国际政治理论，因为美国一直是世界国际政治理论的研究中心，引领着学术的前沿。而要了解美国的国际政治理论，则必须要了解摩根索的现实主义和权力政治理论体系，因为美国的多数国际政治理论是在认同或者批判摩根索理论的基础之上建立和发展起来的。可见，摩根索之于国际政治学犹如罗尔斯之于当代伦理学、海德格尔之于现代哲学，其重要性是不言而喻的。以摩根索如此重要的学术地位，按理说关于他的研究应该很多，就像学界有大量关于罗尔斯、海德格尔的文献著述一样。但是令人感到遗憾的是，国内关于摩根索的研究却少之又少，能见到的研究摩根索的专著只有两本，论文也是屈指可数。究其原因，一方面可能是因为国际政治这一学科在中国是一个新兴不久的学科并且受到的重视也不够，直接导致从事这方面研究的学者相对较少。另一方面可能是因为从事国际政治研究的多数学者一直以来喜好"就事论事"，不喜欢纠缠于相对复杂的国际政治理论中，这也直接导致国际政治理论长期以来得不到应有的重视。缺少理论支撑的国际政治学就好比"墙上芦苇，头重脚轻根底浅；山间竹笋，嘴尖皮厚腹中空"。摩根索执国际政治理论之牛耳，重视摩根索的研究，也就是重视国际政治理论的研究。只有具有深厚的国际政治理论支撑，国际政治这一学科才能健康且持久地发展下去。

摩根索思想中的精华部分主要体现在两方面：权力斗争理论与维护和平理论，这与摩根索的代表作《国家间政治》的副标题——权力斗争与和平——是相吻合的。因此在本书中主要也是围绕着这两方面来展开写作的。关于权力斗争理论，笔者用了四个章节（第3至6章）来加以论述。在这四章里，分别介绍了权力斗争理论的方法论基础——现实主义、权力政治的内在逻辑、权力斗争的三种方式、权力的九大构成要素、权力大小的评估、权力限制的四种形式等等。关于维护和平理论用了一个章节（第7章）来加以论述。在这一章里，先是介绍了实现和平的几种"治标"方法，即裁军、集体安全和国际警察部队、司法解决、国际政府等，然后又阐述了实现和平的两种"治本"方法，即成立世界国家和复兴传统外交。从篇幅的分布结构来看，权力斗争理论在本书中所占的比重要大于维护和平理论，但摩根索本人在《国家间政治》中是花了同样多的笔墨来论述这两个理论的。笔者之所以在这两个理论之间有所偏颇，是出于两个原因：其一，如上文所述，本书的篇幅有限，我们不可能对两个理论都作出大量的论述；其二，与维护和平理论相比，权力斗争理论不仅受到的争议较多，而且对国际政治的理论和现实的影响也更大。除了以上五个章节外，本书还在第1章里从内敛倔强的性格、憎父爱母的情结、反犹主义的牵连、颠沛流离的前半生、代表作《国家间政治》的分娩、学术声望的取得等几个方面较为全面地介绍了摩根索的生平简况；在第2章里，尝试从韦伯、尼采、卡尔、尼布尔等人那里寻找出摩根索思想的渊源；在第 8 章里，先是介绍了摩根索思想遭受的非议，其次还简要地论述了摩根索的思想理论尤其是权力政治理论不会因为时间流逝而远离人们的视野，它对当代国际社会的诸多现象依然能提供合理的解释。因此，我们的结论是：摩根索的思想犹如一个"幽灵"，在可预见的未来，会一如既往地游荡在我们人类的上空！

第1章

生平简况

在美国，很多名人都喜好在自己功成名就或者荣归故里后写本关于自己的生平传记或回忆录。但是，汉斯·摩根索（Hans J. Morgenthau，1904~1980）却不是这类人。由于各种原因，摩根索很少谈及自己的生平，尤其是来到美国之前的那段经历。曾经有一次在别人的劝说下，他才破天荒地首次动笔写下了十几页的生平回忆，但就此搁笔并发誓以后再也不会耗费精力去写无聊的自传了。因此，人们并不十分了解摩根索的生平。但所幸摩根索在其一生中留下了大量的资料、书信和日记，这为后人了解他的生平提供了宝贵的线索。

内敛倔强

摩根索1904年出生于德国的科堡。这是一个只有两万人口的小城镇，它位于今天德国巴伐利亚的东北部。摩根索的童年和青少年都是在这里度过的，直到他19岁离开这里。摩根索的家庭是一个信仰犹太教的犹太人家庭。摩根索的父亲路德维希是一位医术精湛的医生，母亲福里达是当地一位商人的女儿，他们家的经济状况还是相当不错的，称得上中产阶级。对大多数生于中产阶级家庭的人而言，童年和青少年往往是美好的、快乐的。但是对摩根索而言，科堡的十九年却有着太多痛苦的经历和不愉快的回忆。因为是独子，摩根索很小的时候就不得不学会一个人玩耍。他因而感到异常孤独，这种刻入内心的孤独感伴随了摩根索的整个童年和青少年。在他1923年离开故乡时，摩根索写下这样的感受："这些年所忍受的孤独，年轻时代应享受的欢乐竟然把我遗忘和抛弃，这些都远去了。"其实，摩根索的痛苦和不快还与"憎父爱母""反犹主义"有关。来自家庭、学校和社会的多重压力和痛苦给性格形成时期的摩根索刻下了深深的烙印，导致了他性格内向。在向别人描述自己的性格时，摩根索曾这样说："我非常害羞，并且非常怕被人拒绝……所有这些不仅仅是由于我父亲的影响而且是由于我在学校班上是唯一的犹太人。战争之后的反犹主义是十分残酷和具有毁灭性的……我退缩到自己的贝壳中，害怕与令人失望的人类接触。"这种内敛的性格阻碍了摩根索的人际交往，他曾说："对我来说，在飞机上和别人谈话是困难的，我担心那个家伙不愿意和我讲话。"内向、自卑对于一般人而言往往代表着一种缺陷，但对于摩根索而言却不完全是坏的东西。正是这种性格使摩根索从小就养成了一种从远距离冷静细致地审视世界的能力。简言之，他的情感因素被控制了，对待事物总会自觉地以冷静和理性的态度去分析和理解。就像他的德文老师在一段评语中所说的，摩根索"缺乏感情，过多地关注于人的情感的理性分析"。而这往往是一个大思想家应有的冷峻性格。喜好冷静和擅长理性分析为摩根索日后驾驭现实主义国际理论提供了巨大的帮助。

除了内向之外，摩根索的性格中还有偏强的一面。这种偏强性格首先表现在他学习上的"争强好胜"。摩根索天资聪慧、刻苦拼搏，一直以来都是学校的尖子生，并以第一名的成绩高中毕业。在他的毕业成绩单上，德文、历史、地理、宗教都是"非常优秀"，拉丁文、法文、数学、物理也是"优秀"，只有体育成绩稍微差点。在他的毕业证书上写着，"摩根索勤奋好学，各学科全面平衡发展"。他的倔强性格还表现在他的伟大抱负上。他曾在1922年的一篇作文中表达了自己的远大理想，他说人的目标一般有两种，一种是为了积累物质财富，另一种则是为了实现崇高的精神需要。很显然，摩根索选择的是后者，他说选择后者的"人们不辞劳苦，孜孜以求地工作不是为了积累财富和过一种更舒适的生活，而是为追求一种更加崇高的事业，在他们死后，他们会因其留下的著作而永垂不朽，因为他们确实为后代留下了丰富的遗产"。摩根索日后的人生轨迹正是按照他当初许下的理想目标来一步步运行的。毫无疑问，摩根索出色地实现了他的目标。摩根索的代表作《国家间政治——权力斗争与和平》有资格被称为国际政治领域的经典和不朽。摩根索的倔强性格也表现在他对反犹主义的控诉上。与多数犹太人在反犹浪潮面前表现出的逆来顺受不同，摩根索勇敢地表达了自己的不满，他认为对犹太人无端歧视和指责是不公平的。

憎父爱母

摩根索在回忆自己的家庭时曾说："我是一个非常孤独和不幸的孩子。我有一个相当神经过敏和压制人的父亲和一位非常善良、聪明而热情的母亲。"幼小的摩根索内心形成了一种

"憎父爱母"的情结。父亲极端专制的家庭教育不仅让摩根索感到非常地压抑和沮丧，而且影响了父子间的关系。从摩根索的童年到青年，父子间的紧张关系从来没有缓和过。摩根索曾在1931年写给未婚妻的一封信中谈道："我父亲是个完全疯狂的人，我们几乎不交流，他对我的工作计划感到特别地愤怒，他说：'非常明显，你不聪明，因此靠这些平庸的成绩，你根本不可能成功，难道你还想再混几年吗?'整天他就用这种方式指责我，有时甚至用更糟糕的方式，这足以使我自暴自弃。""我想现在我们将像以前一样沮丧，我不能与我的父亲很好地相处，他会使我疯狂，即使那时我正处在正常状态。"

　　父亲的专制还表现在对摩根索专业选择的干涉和控制，这对摩根索造成的伤害也是极大的，使原本就非常糟糕的父子关系更是雪上加霜。高中毕业后，摩根索按照自己的最初喜好选择了法兰克福大学的哲学专业。虽然父亲并不满意儿子选择哲学专业，但是也没有强烈反对。摩根索之所以选择哲学，是因为他一直认为哲学是对生命最深处的忧虑，这可以帮助他从最初、最本质的层面上去认识和解释世界。他的原话是："对于哲学，在我看来将回答我对人类生存意义的疑问，并解开宇宙之谜。"但是，他关于哲学的这一幻想在他听完第一节哲学课后就迅速破灭了，因为他发现法兰克福大学的哲学老师讲授的哲学主要是一种认识论，而不是他感兴趣的关于人类生存意义的哲学。摩根索勉强坚持上完一个学期的哲学课后，就申请离开了这所令人失望的大学。自此，他从先前的崇拜哲学变得开始怀疑哲学，他曾这样说过："我希望哲学给我指明道路，但哲学不是像我希望的那样。"于是，他又一次面临重新选择专业的问题。他起初打算攻读德国文学，因为他儿时的梦想就是成为一名作家或诗人。但是这一次，父亲没有"袖手旁观"，而是积极干预了儿子的专业选择。他反对摩根索选择德国文学专业，理由是文学写作职业的报酬微薄且不稳定。他要求儿子选择收入更为丰厚的法律专业，而这恰恰是摩根索一点也不感兴趣的专业。迫于父亲的威严，摩根索最终听从了他的建议，选择慕尼黑大学的法学专业。他选择的法学研究方向是国际法，这使其后来转行研究国际政治时受益匪浅。

与父亲的严厉、暴躁、专制、挑剔形成鲜明对比的是，摩根索的母亲却是十分地和蔼、慈祥、宽容。在摩根索看来，如果不是母亲的百般呵护，为其提供一个温暖的庇护所，那么自己很难在父亲的管制下生存下来。他曾说："是我的母亲救了我。我能够相对完好无损地活下来，全靠我的母亲。"除了和母亲的亲密的关系之外，摩根索与外婆的关系也十分亲近。对于童年和少年的摩根索而言，每年最快乐、最轻松的时候，莫不是跑到慕尼黑的外婆家与她同住的那段时间。他总能在外婆那里享用到丰盛可口的饭菜和得到一点零花钱。不仅如此，他还保持着与外婆时常通信的习惯。在以后的岁月里，无论摩根索走到何处，婆孙之间的通信从来没有间断过。直到1941年纳粹对犹太人的控制加剧时，他们之间的通信才被迫停止。在与外婆的几百封通信中，温情、快乐跃然纸上。

反犹主义的影响

20世纪20年代，希特勒的纳粹主义开始在德国逐渐得势，随之而来的反犹主义也在德国各地蔓延开来。对犹太人的敌视在德国并不新鲜，早在19世纪70年代，德国一些地方就偶尔会发生一些反对犹太人的事件，只是在一战后，反犹太人开始普遍化，反犹主义逐渐盛行。摩根索所在的小城科堡早在一战前就是一个反犹主义的基地，这里总人口虽然只有不到两万人，但竟然存有二十九个地方性反犹组织。在一战后的1918年，有三百多名当地犹太人受到过这些组织的报复性攻击。因为这些反犹组织认为，德国在一战中战败的主要原因是犹太人在后方搞鬼，比如大发国难财、投敌卖国，如此等等。自1920年后，科堡的邮戳上便印有反犹太人的标语，在例行的征召新兵的大会上都会发表反犹演讲。1922年，当时反犹最积极的纳粹头目希特勒出席了在科堡召开的一次反犹大会，并在会上作了演讲。摩根索聆听了这次演讲，他被希特勒的激情演说及其释放出的人格魅力所吸引。摩根索在三十多年后回忆起这一幕时曾说过这句话："我永远不会忘记当我听到这个人演讲时，我被吸引和沉醉得几乎瘫痪的感觉。"但是作为犹太人，他当时感觉到的更多的是一种恐惧。希特勒的反犹演讲更加强化了科堡原本已经相当严重的反犹情绪，犹太人的公墓开始被毁，犹太人家里的门窗玻璃也时常遭到破坏。摩根索回忆起1922年科堡的社会状况时曾讲道："那是绝对可怕的。"因为犹太人的身份，摩根索受人排挤和歧视就变得理所当然了。具有讽刺意味的是，摩根索的父亲路德维希虽是个犹太人，但是他一直在表达自己的爱国主义立场，时刻证明自己的家庭是爱德国的。他曾于一战期间在德国军队中服过役；在给儿子取名字时，路德维希刻意在中间部分加上尧阿辛（Joachim）用以纪念威廉二世的小儿子尧阿辛王子；家里摆着摩根索在1909年身穿普鲁士服装拍摄的照片；在面对社会上越来越严重的反犹浪潮时，依然要求家人采取一种不切实际的宽容态度，并满怀信心认为德国的反犹只是暂时的。尽管这样想方设法地表达自己的爱国主义立场，但摩根索一家还是没有从反犹主义的迫害中幸免。

摩根索当时还是个中学生，他受到的排挤和歧视也主要集中在他所在的那所学校。学校曾明令禁止摩根索这样的犹太人参加任何社团组织。老师和同学都用异样的眼光看他，不愿意和他交朋友。他时常被高年级的学生联谊会拒之门外。摩根索还清楚记得，在一次站队中，站在他身后的同学都朝他吐口水。这对于自尊心极强的摩根索来说无异一次毁灭性的打击。在这一系列不开心的回忆中，最令摩根索难堪的事发生在高中毕业的时候。按照学校惯例，在每年的毕业典礼上，由全校成绩最优秀的学生向学校的创始人约翰·卡米希尔公爵的雕像敬献花环，并向全体毕业的同学作简短的毕业致辞。在摩根索毕业的那一年，由于成绩优异，他获得了这项殊荣。这原本应该是一次无比自豪和开心的经历，可事实上却成了摩根索人生中最黑暗的一次遭遇。多年以后回忆起那次遭遇时，他仍然不寒而栗，"那确实很恐怖，那是我生命中最糟糕的一天"。为什么会这样呢？答案很简单，因为摩根索是犹太人。让一个犹太学生在毕业典礼上献花环和致辞，这在当时反犹主义已占据绝对上风的小城科堡是绝不允许发生的。于是，有人开始散发一些恶毒性的传单，肆意地侮辱摩根索，妄图取消他在毕业典礼上献花和致辞的资格。虽然摩根索最后勉强保住了这一资格，但是在典礼当天，反犹分子狠狠地教训了这个可怜的年轻人。他们不仅朝摩根索身上大吐口水，而且还挥着拳头和狂吼一些威吓他的话，甚至在摩根索讲话时还故意捂着鼻子，因为据传犹太人身上很臭。这种情形对于当时还是个孩子的摩根索来说是何等的恐惧和痛苦。摩根索后来回忆说："这是我一生中最糟糕的一天……非常可怕，的确非常可怕。在此事之后我没有发疯，大概是因为我有一个相对健康的体魄。"

颠沛流离

大学刚毕业，摩根索就马不停蹄地为生活而奔波，因为他不可能再靠父亲的资助了。1927 年，摩根索谋到了第一份差事——担任胡格·辛采迈的法律助理。但好景不长，由于当时的全球经济危机造成了德国经济不景气，外加上反犹主义在德国变得更加猖獗，身为犹太人的辛采迈受此牵连丢了官职，而作为他的助理的摩根索自然也失去了职位。他四处奔波，却一职难求，尽管此时的摩根索已经拿到了法学博士文凭和法律从业资格证书，但生计问题时常困扰着当时的摩根索。除了父亲偶尔给予的一点帮助之外，摩根索有时候在情急之下还会向自己的未婚妻爱玛·托曼借钱。在求职屡屡碰壁后，摩根索本想进高校从事教学和研究工作，但是按照德国高校的规定，他必须得首先完成一篇担任高校教师所要具备的任职资格论文。生活的动荡不安影响了摩根索的创作，这篇论文迟迟没有完成。就在他绝望的时刻，摩根索得到了一个好消息——日内瓦大学正在招聘一名讲授德国公共法的教师，任职条件较为宽泛，可以一边教书，一边完成任职资格论文。摩根索毫不犹豫地立即提出了申请，并在一位曾在日内瓦大学任教过的教授的大力举荐下，最终幸运地获得了这一职位。就这样，摩根索决定启程奔赴日内瓦，时间是 1932 年 2 月 17 日，当天也正巧是摩根索的 28 岁生日。摩根索本以为这次只是暂别德国，但没想到的是他此后再也没有返回过故土。摩根索离开德国可以说是无奈而又遗憾的。憾别德国后，在很长一段时间，摩根索一直没有找到归属感。摩根索曾在日记上写道："事实上，我不是一个德国人或者犹太人，我在错误的时间出现在一个错误的国家，我是一个没有国家的人。"初到瑞士，摩根索遇到了很多困难。首要的困难来自语言关，摩根索被要求用自己不太熟悉的法语授课，这也直接导致摩根索上课讲话磕磕巴巴不够流利，为此他差点被学生赶下讲台。除了语言障碍外，还有一个亟待解决的棘手问题是完成任职资格论文。经过一番努力，他完成了一份自己十分满意的论文。他非常自信自己的论文能够顺利通过考核，但大出他意料之外的是论文最终没有通过考核。摩根索心有不甘，觉得评审老师可能是在故意刁难自己。因为评审老师是本校的，他们极有可能出于嫉妒心理和利益上的考量有意而为之，所以摩根索要求校方聘请非本校的法学专家重新评审自己的论文。庆幸的是，第二次的评审顺利通过了，摩根索也因而获得了教授的头衔和资格。取得教学资格后，摩根索本想回德国大学任教。可此时的德国已经由纳粹执政，希特勒誓将德国无犹化，因此摩根索回国任教已无可能，最终只能选择继续待在日内瓦大学。但即使待在日内瓦，摩根索的日子也不好过，因为这里毗邻德国，反犹问题也很严重，一些反犹分子开始抵制摩根索授课。眼看在日内瓦没法待下去了，摩根索开始四处写信找工作。1935 年，在这无比艰难的时刻，幸运女神再次眷顾了摩根索，他获得了西班牙一个新建的国际政治研究所提供的一份收入不错的工作。而就在此时，摩根索与未婚妻步入了婚姻殿堂，结束了长达十一年之久的爱情长跑。稳定的收入和幸福的家庭让多年来屡遭挫折的摩根索第一次品尝到快乐的滋味。但好景不长，随着 1936 年右翼政党取得议会大选的胜利后，西班牙国内局势开始紧张，并最终爆发了内战。国际政治研究所关闭了，摩根索夫妇被迫流浪至法国巴黎，靠着妻子的亲戚接济度日。摩根索无奈只能开始新一轮的找工作。欧洲似乎已无法继续待下去了，哪里才是摩根索的容身之地呢？只有美国！

1937 年 7 月 17 日，摩根索夫妇在法兰克福登上了去往纽约的轮船。初到美国，摩根索过得并不如意，当时美国正处于大萧条时期，市场很不景气，失业率高得惊人，想找一份工作谈何容易啊，更何况是摩根索这样一个刚踏入美国的外国人。在美国，摩根索夫妇举目无亲，身无分文。为了尽快找到工作，摩根索降低了自己的求职要求，诸如出版社校对之类的工作，他表示也能接受。可是，两个多月在纽约街头巷尾的来回奔波并没有为摩根索换来一份工作。在这期间，他曾拒绝了一份开电梯的工作，因为对于一个知识分子而言，做体力活是难以接受的。凑巧的是，这时纽约布鲁克林大学一位老师因病无法上课，校方便邀请摩根索暂时承担代课任务。虽然报酬很低——每小时 3.5 美元，摩根索还是毫不犹豫地接受了这份工作。为了补贴家用，妻子爱玛还时常外出帮助一些商店做推销工作。尽管夫妇俩很努力，但是依然食不果腹。为了摆脱这种窘境，摩根索决定离开物价高但工资低的纽约，去美国其他地方试试运气。1939 年，他很幸运地在堪萨斯城大学找到了一份月薪比纽约高出两倍的工作，这也让夫妇俩暂时稳定下来。但令摩根索失望的是学校所能提供的生活和研究条件实在太差了。他在这里承担着涵盖多个学科的大量的教学任务，每天需要工作 15~18 个小时，时常压得他喘不过气来。但是为了生活，摩根索还是咬牙坚持下来了。他后来曾这样形容这段经历："我当时是在某种劳改营里做奴隶，并且每年开始拿2200美元的工资。" 1943 年，因得罪了校长，再加上自己在这里过得并不开心，因此摩根索最终选择离开了堪萨斯城大学，启程奔赴下一站——芝加哥大学。就在这一年，摩根索获得了美国国籍，这也结束了他一直以来没有国籍的尴尬。

在芝加哥大学工作的薪水很丰厚，这彻底解决了长期困扰摩根索的生计问题。另外，芝加哥大学拥有优越的学术条件和良好的学术氛围，也给摩根索的学术创作带来了巨大的帮助。难怪摩根索会大发感慨："我非常喜欢在这儿工作。"一段小插曲可以说明摩根索当时在芝加哥大学面临的学术处境。在 20 世纪 40 年代末期，摩根索由于坚持他的权力政治理论，被他的自由主义学派对手们称为是美国学术界的"第一号敌人"。而摩根索执教的美国芝加哥大学是自由主义革新派的中心。该校校长罗伯特·胡提钦是世界法律构建委员会的创始人。该校有一批学者一直试图通过建立国际法和国际组织来代替权力政治以解决各种国际问题。但是，摩根索就在这样的环境下一直坚持着他的权力政治理论观点，并通过他的努力，赢得了一大批追随者，巩固了他在芝加哥大学的地位。当然，芝加哥大学一直以来倡导的自由学术竞争，是摩根索得以在这个学校生存的前提条件。

直到定居美国，更准确地说是直到执教芝加哥大学，摩根索才结束了他颠沛流离的生活。摩根索的上半生充满了艰辛和苦闷。或许可以认为，正是童年的无趣、青年的苦闷以及随后颠沛流离的生活导致了在美国成名后的摩根索不愿意回忆自己的生平，尤其是前半生的生平。美国和芝加哥大学给摩根索送来了久违的家的感觉，他也特别珍惜自己这个"新家"。他曾说过："我毫无疑问地知道，如果不是美国给我机会，我永远不会成为一名学者。"为了报答新家，他竭尽全力利用自己的学术专长为美国的外交政策服务，甚至在美国正式参加二战后，他想去参军为美国做点力所能及的贡献，只是没有通过体检，才导致这一想法没有最终成行。在成名后，摩根索坚持免费给美国军队院校作报告，因为他认为这是一种偿还"我欠这个国家的感激债务"的体现。而对于自己所在的芝加哥大学，摩根索也一直抱有深厚的感恩之情。在他成名后，有很多名校曾邀请他去执教，他都婉言拒绝了。在1977年退休之前，他都始终未离开芝加哥大学。

《国家间政治》的分娩

1948年，《国家间政治》在美国出版，受到热烈追捧。摩根索也因而从一个学术界的默默无闻的人物，一跃成为这个圈里家喻户晓的大腕。自此，《国家间政治》便成了摩根索的个人标签。多数人对摩根索的了解也只停留在《国家间政治》这本书上。有人就将摩根索比喻为学术界的暴发户，因发现《国家间政治》这块宝藏而一夜暴富。这是对摩根索的一种误解，也是对摩根索艰辛创作过程的轻视。事实上，关于写作和出版《国家间政治》的想法和计划并不是一下子从摩根索脑子里蹦出来的，而是经过一次次漫长的冥思苦想的过程，做了大量的前期铺垫工作。摩根索曾在不同场合里说过："这个课题从我科学活动一开始，也就是说从1927年就占据了我。""我希望在同事们的帮助下完成这个我从1927年就为之努力的课题，我以前所有的出版物均涉及一两个我这个课题所论述的问题。"他很早就开始研究和《国家间政治》有关的东西了，并时有相关成果面世，只是囿于当时他在学术界还是个无名小辈，没有多少人关注而已。因此可以说，《国家间政治》的创作并不是一次偶然，而是堪称一次学术上的分娩，过程不但漫长而且艰辛。

严格来说，在国际政治领域，摩根索并不是科班出身，而只能算是半路出家。我们知道，摩根索最初研修的是法学，后来由于种种原因才弃"法"从"政"，并最终成就了他在国际政治领域的一番伟业。大学几年的法学专业知识尤其是国际法知识的储备，为摩根索以后的学术研究打下了良好的基础。在学习国际法过程中，摩根索逐渐发现，国际法其实是一种软弱无力的法律，"真正作用于国家间关系的不是国际法而是国际政治"。在做法律助理期间，摩根索也发现案件诉讼的胜败不取决于对法律的如何解释，而往往要受到政治权力的左右。换言之，法律受制于政治。这是摩根索首次关注政治和权力，但是仅此而已，当时摩根索的大脑里还没有深入研究这一专题的打算。在做法律助理期间，摩根索还利用闲暇时间出色地完成了一篇题为《国际法中司法功能的特性和局限》的法学博士论文。负责审阅这篇论文的教授给出了很高的评价——"不仅满足了总结性论文的要求，而且充分满足了一个好的职业资格的要求。他的论文水平非常高"。摩根索的博士论文在 1929 年出版后，很快引起了德国学界的关注和褒奖，就连当时德国的学术权威卡尔·施密特也亲自写信赞扬了摩根索。博士论文的成功，不仅标志着摩根索在法学研究方面的日臻成熟，同时也坚定了摩根索想成为一名学者的决心。在完成博士论文后，摩根索紧接着还创作了自己的任职资格论文。这篇论文很快就以法文的形式公开出版了，书名为《政治概念和国际争端》。该书虽然还是以法学知识为主，但里面出现了许多法学和政治学交叉的内容。在供职于西班牙的国际政治研究所期间，摩根索主要从事的是国际法方面的研究，但也开始大量涉足国际政治。此时，摩根索在学术上已有转型的苗头，尽管还不是十分明显。在布鲁克林大学任教时，摩根索教授的是"比较政治"和"美国政府和政治理论"，这完全是属于政治学领域的课程。为了把课上好，摩根索恶补了自己的政治学知识，这为摩根索日后向国际政治方向发展打下了扎实的政治学理论基础。1938年底，摩根索曾在一份基金申请书中写道："我将继续为一个对国际政治的现实主义理解而努力，在我以前的著作中，我对此已经开始着手。"到了芝加哥大学后，摩根索正式把自己的学术研究方向确定在国际政治领域，并为学生开设了一门"权力政治学"的课程。在授课的过程中，摩根索还在自己之前的博士论文、资格论文以及一篇题为《政治的起源》的手稿的基础上，重新整理了自己关于政治研究的思路，并尝试着构建一个全新的政治理论体系。这项研究很快就有相关成果问世了——1946年《科学的人对抗权力政治》一书在美国公开出版。该书对英、美自由主义的理想主义进行了无情的批判，为摩根索后来的代表作《国家间政治》的出版创造了条件和作了必要的铺垫。如果说《科学的人对抗权力政治》是摩根索向传统的国际政治理论的基石——理想主义的宣战书，那么《国家间政治》则是他系统批判理想主义的传统国际政治理论和全面构建现实主义的权力政治理论的经典之作。

在《国家间政治》出版后，摩根索不仅名气大了，而且在学术上也多产起来。1948年后，他接连创作了《捍卫国家利益》（1951）、《政治学的困境》（1958）等多本专著和数十篇高水平的学术论文以及大量的评论文章，但后来的作品在影响力上无法与摩根索早期的两部作品《科学的人对抗权力政治》和《国家间政治》相提并论。

学术声望

《国家间政治》自出版以来，在美国以至全世界的国际政治学界引起了强烈反响，探讨摩根索及其理论的文章和著述纷至沓来。一时间，摩根索俨然成了美国国际政治学界的明星，他的名字几乎无人不知、无人不晓。仿佛研究和摩根索有关的东西就是一种时髦的体现，否则就要被人斥为落伍。可以说，在《国家间政治》出版后，摩根索造就了一种理论景观，即无论你赞同摩根索的理论与否，只要你是研究国际政治的，你都无法无视和绕开他的理论。这不由让人想起当代伦理学大师约翰·罗尔斯，当其代表作《正义论》横空出世后，关于它的评论如雪花般从四面八方铺天盖地而来。不管你是赞同的也好，是批判的也罢，但你都得承认，只要是研究正义，罗尔斯及其理论都是你无法回避的。可见，摩根索之于国际政治学界，犹如罗尔斯之于伦理学界。

《国家间政治》的成功看似有些"意外"，但实际上却是摩根索扎实的理论功底和缜密的思维逻辑必然会导向的结果。有人认为，摩根索具有的学术修为，可能和其生于德国，拥有德意志民族的血统有关。因为马克思就曾说过：德意志民族是"欧洲最有理论修养的民族"。当然，这只是一种猜测而已。《国家间政治》在美国获得了成功，这为摩根索在国际政治学界赢得了崇高的声望和地位。正如有人将《国家间政治》比喻为国际政治学的"圣经"，而将摩根索本人形容为国际政治学界的"教皇"。这种至高赞誉用在摩根索身上，并不为过。以下事实可以佐证这一点。

美国学者理查德·费南根曾经做过一项研究调查，主要调查两个问题：（1）在所有的国际政治理论大师中，谁的影响力最大；（2）哪部著作在国际关系理论领域里的影响力最大。该项调查的结果是，国际关系领域里贡献最大的学者是摩根索，而贡献最大的学术著作也是摩根索的代表作《国家间政治》。

像卡尔·多伊奇、雷蒙·阿隆、乔治·凯南、亨利·基辛格等大牌学者也只能屈居摩根索之后。在 1972 年由《纽约时报》评选出的现代美国最著名的知识分子中，摩根索名列第二十一位。

迄今为止，在流派林立的西方国际政治学界，恐怕还没有一部论著的影响能够超过摩根索的《国家间政治》。该书自 1948 年初版以来，至今已发行到第七版。虽然问世已有六十余年，但这部著作仍然是国际政治、国际关系等领域最有影响力的独一无二的范本，它已指导了超过一代以上的美国学人的思想发展。仅此一点，就足以说明摩根索理论在西方的长盛不衰。摩根索于 1949 年晋升为芝加哥大学政治科学系的正教授，1958 年当选为美国艺术与科学学院院士，1947 年到 1977 年之间先后担任国内外多所著名高校的客座教授。在摩根索去世后，为了表彰他在国际政治、国际关系以及美国外交政策方面作出的突出贡献，美国专门设立了"汉斯·摩根索奖"。这个奖专门用来奖励那些在国际政治、外交等方面有所贡献的学者或政治家。1983 年，亨利·基辛格博士曾因为在美国外交工作上的突出表现而获得了"汉斯·摩根索奖"的殊荣。1985 年 10 月，美国前国务卿乔治·舒尔茨在获得"汉斯·摩根索奖"时说，《国家间政治》是本"有关国际政治的划时代著作"，而摩根索本人"在国际关系研究方面是一位先驱者，在使这项研究工作成为一种受人尊敬的知识性学科方面，他作出的努力也许胜过任何人"。没有什么比学界同仁对摩根索的赞赏更能说明他在国际政治、国际关系领域的突出贡献了。比如，国际政治学界举足轻重的学术大腕斯坦利·霍夫曼曾说过："如果我们国际关系学科有奠基之父的话，那就是汉斯·摩根索。"肯尼思·汤普森认为摩根索"在最广泛的知识领域方面为国际政治打下了基础"。莱因霍尔德·尼布尔把摩根索称作"最杰出的、最有权威的现实主义者"。米歇尔·约瑟夫·史密斯曾说"摩根索的巨著《国家间政治》一直是这一领域里被引用最多的、最有影响的教科书。作为一位学者,摩根索在这一领域里的贡献最大"。如此等等。

面对众人的溢美之词,摩根索非常谦虚地说:"我没有发明,也没有发现任何东西,我只是试图重新挖掘传统的智慧并用它解决当代问题。"仅此而已。

第 2 章

思 想 渊 源

  权力政治理论毫无疑问是摩根索最重要的思想理论。虽说这一理论在国际政治领域是独树一帜的，具有开创性，但是正如前文提到的，摩根索认为自己并没有发明什么理论，而只是重新整理了旧有的思想和理论并用其解释当代问题。可见，摩根索的思想理论既不是凭空捏造的，也不是与传统毫无瓜葛的创新发明，他的理论与旧有的思想有着很深的渊源。比如，摩根索理论中时常出现的现实主义、权力、利益、人性等都是已有的概念，而摩根索所作的就是重新整理和总结这些旧思想，使其更加系统化和科学化，并在此基础上构建一个全新的国际政治理论。因此，探索摩根索理论的思想渊源，判别哪些思想家对摩根索有过重大的影响，对于理解摩根索的理论是不无裨益的。

  纵观摩根索思想的整个形成过程，可以发现对他影响较大、较深的思想家主要是来自欧洲，但也有少数是来自美国。这些人主要有：马克斯·韦伯、尼采、爱德华·卡尔、尼布尔。

马克斯·韦伯

马克斯·韦伯作为德国著名的思想家和理论家，其研究领域横跨哲学、政治学、社会学等多学科，对西方近现代的多数学者产生了深远影响，常被尊称为"西方的马克思"。正如在东方做学问、搞学术无法绕开马克思的理论一样，西方的多数学术工作者若想有一番作为，也必须把自己的理论建立在批判或者继承韦伯理论的基础之上。对于隶属于西方同时又兼有德国血统的摩根索而言，他的权力政治理论与韦伯有着千丝万缕的联系。甚至有一些研究者认为摩根索的精神导师就是韦伯。摩根索本人曾在《理性的碎片》中明确表达过韦伯对自己的影响，他说因为"韦伯的政治思想占据了所有的理性和道德品质"，所以他在大学时期就开始认真研究韦伯的思想。有人曾推测，摩根索之所以与韦伯惺惺相惜，是因为两位思想家有着相似的人生经历——都经历过第一次世界大战，都切身感知德国战败所带来的痛苦，也都曾对德意志民族的未来命运殚精竭虑。

韦伯对"国家"和"政治"这两个概念的解释对早期的摩根索影响很深。在韦伯看来，"国家被认为是有使用武力的唯一源泉"，而"政治对我们来说意味着力求分享权力和力求在国与国之间或国家各团体内权力的分配"。概言之，韦伯认为权力是国家和政治的重中之重。这同摩根索认为的"政治的核心是权力""国际政治的本质是权力政治"等观点是何等的相似啊！

在权力和利益的关系上，摩根索也受到韦伯的影响。在论述现实主义六原则中的"以权力界定的利益"这一著名论断时，摩根索就曾引用韦伯的话来佐证自己的观点。韦伯认为，政治就是"在分配、保存或转移权力中的利益"。换言之，权力和利益是密切相关的，权力的强弱最终决定利益的大小。

韦伯认为，国际社会的常态是冲突而不是和平，国家之间的利益竞争和权力斗争是不可避免的，"所有那些试图要取消人统治人的想法都是乌托邦"。当然，国际社会偶尔会出现短暂的和平，但这种"和平不过是冲突性质的改变"。而摩根索同样认为，国家间的权力斗争和冲突是国际政治的"铁律"。两种观点实质上是如出一辙，只是用了不同的表述方式而已。

摩根索认为，追求国家威望是一国寻求权力的三种基本方式之一，这一观点的思想根基很有可能来源于韦伯。韦伯曾说，每一个政治团体都是一种潜在的威望追求者，而且不论追求威望的要求在哪里出现，它都是对所有其他威望保持者的挑战和竞争。另外，摩根索的国际均衡理论也直接渊源于韦伯的思想。韦伯曾称："每一种政治结构自然都愿意选择较弱而不是较强的邻居。"

韦伯的民族主义思想也对摩根索产生过影响。在韦伯看来，拥有强大的民族作为支撑的国家"将存在并或许被羡慕"。摩根索受其启发，认为在影响国家权力的因素中，民族性格是其中突出的一个因素，因为它对于一个国家在国际政治的天平上的重量有着持久的、决定性的影响。他曾肯定地说道："民族性格不能不影响国家权力。"在国际社会中，经常会出现这样一个事实——"某一国家比另一国家更经常地显示出某种文化的和性格的因素，并得到较高的评价"。

韦伯认为，国家之间的斗争有时表现为文化之间的斗争。他曾说："我不知道一个人怎样能'科学'地决定法国文化和德国文化的价值"，但是毫无疑问，这两种文化之间的斗争"现在而且将来一直会不停地互相斗争"。后来，摩根索提出的"文化帝国主义"与韦伯的这一论点有异曲同工之妙。

韦伯与摩根索在对国家领导人的看法上也是惊人地相似。韦伯认为一个国家领导人的水平决定着这个国家在国际社会中的地位。摩根索同样也认为，一个国家的领导人就是一个国家原型的再现，他的知识水平直接决定了这个国家的水平。与此同时，摩根索和韦伯一样都把一个国家的道德行为寄托在这个国家的领导人身上。

此外，韦伯的道德观对摩根索的影响也是深远的。韦伯认为，目的的正义并非要求手段的正义，换言之，为了正义的目的，可以使用不正义的或不道德的手段。他说，在当今的世界上，人们不可能永远做到使目的和手段两全其美。不管使用了什么手段，只要最终的目的是正义的，那么从整体上看它是道德的。摩根索全盘接受了韦伯的这一观点。摩根索曾说："要想做事成功，即按照政治的规则去办事"，但"政治行为不可避免地是罪恶的"。他认为，只要在几种不同的政治行为选择中，"选择最小的罪恶"，那么该行为就可以称得上是道德的。

综上所述，韦伯曾在多个方面影响过摩根索。认为韦伯是摩根索的启蒙老师的这一观点得到了许多学者的认可，但是也有一些学者表达了不同的看法，比如克里斯托夫·弗瑞。他通过挖掘和分析摩根索当年的笔记和日记，据而推测摩根索的真正导师不是韦伯而是尼采。至于摩根索为什么一直以来在公开场合都有意无意地掩饰自己与尼采的关系，弗瑞的解释是，当时的多数美国人把尼采和希特勒等而视之，而对于初到美国的摩根索来说，为了避免引起不必要的误解和麻烦，他有意回避自己与尼采的关系也是可以理解的。

尼采

纵观西方思想界，对权力作过经典诠释的绝不仅仅只有摩根索一人。事实上，在摩根索之前，以研究权力而饮誉世界的著名思想家就有古代的马基雅维利，近现代的霍布斯、尼采等人。毋庸置疑的是，摩根索的权力政治理论是建构在这些先贤们的权力思想的基础之上的，尤其是尼采的权力意志理论，其对摩根索的影响可谓相当之大。虽然尼采和摩根索并不是一个时代的人，但是尼采权力意志理论的流行却是在尼采死后的二十年，也就是在纳粹勃兴的时代，而这一时期正是摩根索的思想形成时期，可想而知，尼采对摩根索的影响是不可避免的。而事实也的确如此，就连摩根索自己也曾承认他的权力政治理论的一些灵感来自尼采。摩根索初次接触尼采的著作是在他收集资料准备写高中毕业论文的时候，但是，当时的他对尼采的印象并不深刻。据说，摩根索开始疯狂着迷于尼采是在 1926 年当他读到了尼采的《不合时宜的沉思》时，这本书让摩根索爱不释手，自此，在很长一段时间，阅读尼采著作和研究尼采思想成了他最乐于做的事情。摩根索曾这样描绘过自己读尼采著作时的快感："当我阅读尼采并记录自己的感受时，我很容易理解为什么宗教要描述早上、中午和晚上的祷告了……我们可以通过每天阅读尼采的随笔来过更好的生活，来取得更大的成就。"他曾这样夸赞过自己的"老师"："尼采，这个预言家，他的眼睛穿透最底层，人类灵魂的深渊。"

尼采认为，权力意志是世界的本质，世界万物的千变万化都是权力意志的创造和表现。无机物的分解和化合是权力意志的斗争；生物界的同化和异化是权力意志的表现，物种之间的弱肉强食、生存竞争更明显是权力意志的表现；人类社会中，你争我夺、明争暗斗也表现了权力意志，如此等等。尼采曾说过："我发现哪里有生命，哪里就有权力意志，即使在奴仆的意志中，也有想成为主人的意志。"这同摩根索的权力政治理论是何等的相似啊！摩根索的理论也认为政治的本质在于权力斗争。

尼采认为，人们为了获得权力可以不择手段。因为对于权力意志来说，应该讲的不是"真理"，而是"评价"。评价一种行为对实现权力意志是否有"价值"或"效用"，有用的就是真理，否则就是错误。据此，尼采得出这样的结论：权力在谁手里，真理也就在谁的手里；谁的权力愈大，谁拥有的真理也愈多。总之，"有用就是真理""权力就是真理"。除了对真理的不屑，尼采对传统道德也发出了挑战。尼采声称："我是第一个非道德主义者。"他曾叫嚷："上帝死了！"过去一切在上帝名义下构建起来的道德体系都是虚伪的，都应该被推倒，都要进行重新评估。概言之，"重估一切价值"。对待道德、真理，摩根索虽然没有尼采那么激进，但是他同样不信任道德和真理。在摩根索看来，决定国际秩序与世界和平的不是道德、真理，而是赤裸裸的权力。

此外，在对待人性上，尼采与摩根索也是如出一辙。尼采曾说："人性恶""人是野兽""人是一堆纠缠在一起的恶蛇，他们很少能相安无事的"。因为人的本质就是权力意志，就是"你抢我夺""争权夺利"。摩根索的权力政治理论的根基也是假定人性是恶的——为利益而斗争不休。

虽然尼采与摩根索的理论出发点有诸多相似甚至是相同的地方，但是两人的理论落脚点是不同的。尼采从他的权力意志出发，最终推导出"超人"。"超人"有极大的权力欲望，他疯狂地企图占有一切，统治一切。他为人类立法，他的言论意志就是法律。尼采极度欣赏恺撒和拿破仑，因为他们是自己设想出来的"超人"的完美化身。对"超人"的崇拜也直接导致尼采对战争尤其是侵略战争作了极度的美化和歌颂。他曾宣称战争是神圣的，因为战争是权力意志的表现。尼采的这种极具争议的思想曾被希特勒所利用。摩根索并不赞同"老师"的结论，不仅如此，他甚至因为尼采得出这样的可怕结论而开始怀疑尼采"是否总是最伟大的思想家之一"。摩根索虽然也认为国际政治的本质是权力政治，世界各国不可避免地会为了权力和利益而相互之间展开斗争，甚至会发生战争，但是摩根索并不认为战争是美好的。当然，有些批评者还是将摩根索比喻成尼采，说其是个"权力狂""战争鼓吹者"，如此等等。可事实是，在摩根索的一生中，他都在积极寻觅克服战争与维护和平的手段。我们不能因为摩根索是研究权力斗争的学者，就想当然地无视他内心的和平愿望和抹杀他毕生维护和平的努力。摩根索的权力理论看似冷酷，但它的价值旨归却是对和平的高度向往与对人类终极关怀的热切期盼。

可以说，人生的坎坷经历以及韦伯、尼采等人对自己的思想启蒙，使得成熟时期的摩根索把自己的学术兴趣定位在现实主义上。在学习、研究和发展现实主义的过程中，早期的现实主义者爱德华·卡尔、尼布尔等人曾不同程度地影响过摩根索。

爱德华·卡尔

爱德华·卡尔是英国著名的历史学家和早期现实主义的代表人物。如果说是摩根索在同理想主义的论战中彻底战胜对方，使现实主义取代理想主义成为主导国际政治的头号理论，最终将现实主义推向了巅峰，那么应该说是卡尔第一个尝试用现实主义向当时主导国际政治的理想主义发起挑战的。因此，卡尔对现实主义的开拓和摸索势必会对日后成为现实主义集大成者的摩根索有着诸多的启示。当然，摩根索并没有全盘照搬卡尔的现实主义思想，而是对卡尔的理论进行了客观的褒贬和科学的扬弃。

1939 年，卡尔的首部反映现实主义的代表作《二十年的危机》公开出版。该书的一项主要内容就是对当时主宰国际政治的理想主义进行揭露和批判，这对摩根索产生了很大的影响。在该书中，卡尔从理想主义的出现原因、历史和思想根源等方面全面剖析了理想主义，不仅在理论上令人信服地论证出理想主义实则是乌托邦主义，而且用一战后的大量国际史实证明了理想主义在实践中的无效和失败。应该说，摩根索也曾在同一时期认识到一战后在国际政治领域泛滥的理想主义的缺陷和弊端。在理想主义者的鼓吹下，当时的多数人都认为旨在废除战争的《白里安—凯洛格公约》既已签订，战争便从此可以避免。摩根索对这种状况一直很担忧。他回忆起当时自己的一次经历："在 1929 年秋天，我第一次参加在德国召开的国际法年度学术会议，一位名叫康特的年轻教师，……给了我一份《白里安—凯洛格公约》，并对我说，谁要是不相信《白里安—凯洛格公约》能避免战争，谁就缺乏想象力。而我确实缺乏这种想象力。"但是，当时的摩根索囿于自身知识水平，还无法用系统的理论向世人解释理想主义的错误。《二十年的危机》的及时面世，帮助摩根索解决了这一难题。他深深折服于卡尔在书中对理想主义的精辟分析和犀利批判。可以说，卡尔的著作让摩根索更加全面而深刻地了解了他的敌人——理想主义，也为他日后系统建构属于自己的批判理想主义的理论体系提供了有益的参考。

除了对理想主义的批判外，卡尔《二十年的危机》的另一项突出贡献是提出了国家利益理论。卡尔认为，人们在分析国际政治和制定外交政策时应当注意考量国家利益，而理想主义恰恰忽视了国家利益的研究。在卡尔看来，不同国家有不同的利益，国家间的逐利行为是不争的事实，理想主义提倡的人类共同利益是根本不存在的。他认为，"共同利益"仅仅是一些既得利益集团为自己现有利益辩护而使用的幌子而已。他曾举例，英、美两国在一战后极力宣扬利益共同、反对战争等做法，实质上是为了维护他们在战后获得的巨大利益。而德国却不赞同这种所谓的"共同利益"，甚至不惜发动战争来谋取属于自己的那份私利。摩根索在卡尔的利益理论的基础上，提出了国家利益是研究国际政治的基点，并且尝试将国家利益与国家权力对接起来。他曾说："权力界定的利益概念是帮助现实主义找到穿越国际政治领域道路的主要路标。"

卡尔在研究国际政治过程中发现权力的重要作用，他曾戏称权力是国际政治中的"货币"。但他并没有解释为什么权力之于政治是那么的重要。摩根索也认为权力是政治的核心和本质，并且尝试解答卡尔遗留下的问题——权力如此重要的原因。摩根索是从人性和人的本能出发来回答这一难题的。另外，卡尔尽管看到了国家利益对研究国际政治的重要性，但是他没有将利益与国际政治中另一个核心概念——权力联系起来。相反，卡尔更多的时候是把利益和权力割裂开来，分别加以研究。正如前文所述，摩根索将权力与利益对接起来。他的那句名言"以权力界定的利益"就是在告示人们：虽然在国际社会中国家之间彼此争夺利益，但是这种利益斗争实际上表现为权力的斗争，因为利益的大小最终是由权力的强弱来决定的。

权力和道德的关系一直以来都是理想主义与现实主义之间争论的焦点。在很长一段时间内，权力和道德之间是非此即彼的关系。理想主义者认为，追求道德就不能要权力斗争，而现实主义者认为，追求权力就不能讲道德。卡尔虽然也属于现实主义阵营中的一员，但是他没有无视道德，相反，他认为："政治行为必须建立在道德和权力相互协调的基础之上。"卡尔的这种权力和道德并举的观点影响了摩根索。摩根索在强调权力斗争的必然性的同时，也在关注道德在国际政治中的作用。当然，无论是卡尔，还是摩根索，他们都认为决定国际政治根本走向的不是道德而是权力，否则二人也不能被称为现实主义者。

众所周知，摩根索素来享有"国际政治学之父"的美称，换言之，是摩根索赋予了国际政治学的独立性，使其成为一门得到学界公认的学科。但是殊不知，卡尔才是第一个指出理想主义指导下的国际政治学，但由于在方法论上存在着太多的主观因素，因而很难称得上是一门学科。卡尔曾说，当时的国际政治理论研究存在两方面问题：一是这个学科的幼稚性，二是这个学科的主观性。摩根索非常赞同卡尔的观点，并在其鼓舞下，以现实主义为理论根基，摈弃了国际政治研究长期存在的理想主义的主观因素，赋予国际政治学作为一门学科应有的独立性。相比摩根索，卡尔的不足在于虽然指出了传统国际政治学的缺陷，但却没有对其进行彻底的重构。

尼布尔

尼布尔是美国早期现实主义的代表人物，由于他在研究中坚持用基督教理论去分析问题，因而他也被认为是一名神学家。他的思想在美国对很多后生们产生了影响，乔治·凯南曾把尼布尔尊称为"我们众人之父"。尼布尔对摩根索的影响是明显的，尤其是在现实主义方面。摩根索自己也曾特别强调这位思想家对自己的影响，他曾说："尼布尔的作品对我产生了深远的影响。"摩根索与尼布尔初次会面是在芝加哥大学，当时摩根索刚从堪萨斯城大学调到芝加哥大学，而尼布尔当时正是芝加哥大学的图书馆馆长。两人因为学术观点的一致而聊得特别投机，可谓一见如故、相谈甚欢。摩根索曾说："瑞尼（对尼布尔的爱称）和我在政治领域里有相同的结论。"

摩根索初到美国时，发现美国学者习惯秉持一种具有乐观性质的哲学观念，这与欧洲大陆的学者倾向于从悲观的视角分析问题正好相反。摩根索认为，乐观的哲学观念极有可能导致美国政府在制定外交政策时出现失误，进而有损国家利益。他将这种哲学观念称为"美国病"，但是却一直苦于找不到合适的学术术语来指代这一疾病。而就在此时，尼布尔在分析美国的学术传统时，使用了"历史乐观主义"这样一个术语。摩根索认为用"历史乐观主义"来指代"美国病"是非常形象的。尼布尔认为，美国的"历史乐观主义"实质上就是一种政治理想主义，它往往忽视了人性的自私、权力欲的膨胀等消极因素，乐观地估计了依靠道德理想和法律规范是可以规避战争、维护世界和平的。摩根索在《科学的人对抗权力政治》和《国家间政治》等著述中都表达过类似的观点。

尼布尔关于人的分析让摩根索深受启发。尼布尔从基督教理论出发认为人是有罪的，这种有罪不在于人的无知而在于人的盲目性。换言之，人的有罪表现为人性的恶。为了保证自身的安全，人总是盲目地、自私地、想方设法地追求自己的权力，权力越大，越感到安全。尼布尔认为，人的这种寻求安全的欲望是无法得到完全满足的，这也就意味着人的权力欲会永无休止地膨胀下去。在尼布尔看来，不仅单个的人有这种倾向，就是由单个人组成的集体——国家也概莫能外。个人为了自身安全在社会中追求权力，国家也会在国际舞台上寻求权力借以保障本国的安全。摩根索的权力政治理论就是建立在这种人性假定的基础之上的。但是严格来说，摩根索的人性假定与尼布尔关于人的分析又不是完全一样的。尼布尔虽然强调人是有罪的，但也认为人有善的一面。摩根索则表现得更为激进，他认为人性只有恶的一面，因此，他的人性理论比起尼布尔的理论要悲观许多。

尼布尔对理想主义的批判对摩根索也是有影响的。一开始，尼布尔也像当时多数美国学者一样是个理想主义者，对道德、法规、文明、理想等抱有幻想。一战的爆发让尼布尔开始怀疑理想主义，自此他逐步转向现实主义的立场。随着二战的爆发，他对理想主义的批判也变得更加激烈，他曾给美国的理想主义列出六大罪状，而摩根索完全赞同尼布尔的观点。摩根索于1946年出版的个人首部英文专著《科学的人对抗权力政治》，在一定层面上可以说是在声援尼布尔对理想主义的批判。美国学者米歇尔·史密斯认为，摩根索在《科学的人对抗权力政治》中表达的思想"完全与尼布尔的思想相同"，都旨在批判"在当时占主导地位的理想主义和面对现代人的一些政治问题"。

影响摩根索的人远远不止上述四位思想家，像马基雅维利、霍布斯、辛采迈、华盛顿、林肯、罗斯福等也曾对摩根索产生过影响。

第3章

现实主义与权力政治

　　二十世纪二三十年代，国际政治学侧重于和平理论的研究，理想主义色彩浓厚。两次世界大战的接连爆发，使摩根索发现理想主义无法解释现实世界的诸多国际政治问题。他遂对其展开了无情的批判，并致力于把国际政治理论的重心从理想主义转向现实主义。摩根索向理想主义阵地的开炮，拉开了理想主义与现实主义之间论战的帷幕。这次论战的胜负是泾渭分明的，现实主义理论全面占据上风。自此之后，以摩根索为代表的现实主义学派在西方国际政治理论界长期处于主导地位。

　　其实，早在摩根索之前，现实主义就已存在，不是什么新鲜的理论，但这并不影响摩根索对它的欣赏和推崇。他曾说："在政治理论中，新颖独特未必是优点，年代久远也未必是缺点。"摩根索将早已存在的各种现实主义理论重新拾起来，并加以整合和发展，使其更加完美。因此，摩根索堪称是现实主义的集大成者。据有人统计，在所有现实主义理论大师中，摩根索的理论和著作被引用和提到的次数最多。他不仅继承和发扬了现实主义理论，而且把其发展成为一种国际政治学的研究方法。根据这种研究方法，他构建了权力政治理论。

现实主义与理想主义之争

理想主义是推崇道德和法理的，因此，反对理想主义就可以说成是反对道德和法理。按照这一逻辑，有些人认为批评理想主义而提倡现实主义的摩氏理论应该是反对道德的。摩根索却不这么认为，在他看来，不考虑政治后果去采取所谓维护道义原则的举动，才是不道德的。因为这种行动往往会给国家利益带来灾难性的后果，也就是说打着道德的旗号却带来了不道德的后果。摩根索曾说过："政治行为者在一般道德责任之外有一项特别的道德责任，那就是根据政治活动的规则明智地行动的责任。"不明智之举即使在主观意图上是好的，是合乎道德的，但其后果却不仅影响政治决策者，而且影响国家国民的双重利益。这些人"确实应当受到谴责"。所以，现实主义者相信，在国际政治的舞台上最崇高的道德是"审慎"考虑政治后果。"没有审慎就不可能有政治道德，而审慎指的是对看起来合乎道德的行动的政治后果的考虑"。"如果一国强调道德原则而忽视国家利益，它会难逃国家自我毁灭的威胁"，摩根索如是说。现实主义的目标是"实现较小的恶，而不是绝对的善"。较少程度地损害国家利益就是一种较小的恶的体现。在一个伟大的国家，道德和思想的判断标准有很多，有时还会随着时代的发展而不断变更，"但没有任何标准比得上国家利益"。换言之，国家利益是判断道德的最高标准，维护国家利益就是最高、最大道德的体现。综上所述，我们不能简单地认为现实主义者眼里只有权力而无道德。恰恰相反，对摩根索来说，人既是政治动物也具有道德本性，人的所有政治行为都有道德伦理意义。对于另一位现实主义的领军人物爱德华·卡尔来说，"只有那种不真实的现实主义才忽视世界秩序中的道德因素"。因此，现实主义者不认为理想主义和现实主义之间的论争可以简单化为道德与不道德之间的矛盾，更准确地说，二者之争是：与政治现实脱节的道德原则同立足于政治现实的道德原则之争。现实主义者更习惯将国际政治的艺术看作在权力要求和道德之间保持实际的平衡，即权力和道德的辩证法。

现实主义者对权力斗争、冲突、战争的悉心关注与其对调解、合作的语焉不详形成鲜明对比。现实主义者发现，敌对、猜疑、对抗最能反映国际政治本质的关系。调解、合作在现实主义者看来则总是更带有试探性而非本质性，更像是权力关系的表象，只能弱化和掩盖权力关系，永远不能取而代之。现实主义描绘出相当冷酷的世界政治图景。国际体系被刻画成一个残忍的竞技场，那里各个国家寻找机会尔虞我诈，没有彼此信任的基础。日常生活本质上是追逐权力的斗争，每一个国家不仅在为成为体系中最强有力的角色而奋力拼争，而且也努力确保这一显赫位置不被他国所占据。尽管现实主义描绘出一个本质上残酷竞争的世界，但他们仍然承认国家间存在着相互合作。然而，合作往往难以达成，即使达成后也往往难以持续。两项因素阻碍了合作：对相对收益的关注和对欺骗的担心。一战前，欧洲大国之间有诸多合作，但是这并没有阻止它们走向1914 年的那场战争。二战期间，美国与苏联之间进行了重要的合作，但这并不能阻止随后爆发的冷战。因此，现实主义者呼吁，必须清楚地认识到，合作发生于一个从根本上讲是竞争性的世界——一个各个国家具有强烈的动机来赢得他国的优势的世界。

作为一种思想方法，理想主义是乐观的，它们相信："一种理性的和道德的政治秩序——源自普遍合理的抽象原则——能够立刻得以实现。它假定人类本性的固有善意和无限可塑性……"它们认为："如果所有人都服从理性，那么，使他们陷于分裂的冲突将消失，或者至少以妥协的方式得到解决；困扰他们的物质短缺将得到补足；损害他们生命的恐惧将被驱除；和谐、福祉和幸运将君临天下。"相较于理想主义表现出的乐观，现实主义是悲观的，它倾向于透过善良的表面，去探寻自私的动机。它总是以特别锐利的目光看到所有人类行为背后的私利和虚伪。现实主义之所以具有持续的有效性也正是因为它极其擅长以这种类似"揭露的"手法对政治生活作出贡献。

著名的国际政治学家约翰·米尔斯海默认为，这一关于世界是如何运转的悲观主义观点，来自现实主义关于国际体系的五项假设。第一项假设，国际体系是无政府状态的。第二项假设，国家与生俱来地拥有某些进攻性的军事能力，这赋予它们必要的手段来伤害对方并可能相互摧毁。第三项假设，国家永远也无法确切地判断其他国家的意图。更有甚者，意图是可以很快发生变化的，所以一个国家的意图可以在某一天是善意的，而在第二天就变成恶意的。当评估某一意图时，不确定性是无法避免的，这清楚地意味着国家永远不能准确地断定其他国家不会有挟其进攻性军事力量发动攻击的意图。第四项假设，生存是驱动各国行为的最基本的动机。各国力图维护自己的生存。第五项假设，国家会从战略高度上考虑如何在国际体系中生存。在此基础上，米尔斯海默进一步论述：如果上述五项假设都成立的话，那么可能导致三种主要的行为模式。第一种模式，国际体系中的国家彼此惧怕。它们以猜疑的眼光审视对方，担心战争在即。国家间几乎没有互相信任的空间。尽管恐惧的程度因时因地而异，但是它绝不会降低到微不足道的程度。第二种模式，国际体系中的每一国家都着眼于捍卫自己的生存。正如现实主义者肯尼思·沃尔兹所指出的那样，国家是在一个"自助"的系统内运行，因此在面对他国潜在的威胁时，各国不能依靠他国来保障自己的国家安全。第三种模式，国际体系中的各国以超越其他国家、实现相对权力地位的最大化为目标。理由很简单，一国相对于他国的军事优势越大，它就越安全。按照这一逻辑，各国在彼此争相占据上风的强大动机下，如果情势适宜且胜利有望，甚至不惜走向战争。上述三种行为模式表明，在国际体系中，各个国家既惧怕并且时刻准备对抗入侵者，同时它们又盘算着自己做征服者。于是这便冷酷无情地带来一个持续地进行安全竞争的世界，战争的可能性如影随形。以上就是米尔斯海默对现实主义悲观论的一番剖析，应当说是相当透彻的。

现实主义六原则

摩根索认为，要想解释清楚什么是（政治）现实主义，只需指出它的六项原则就足够了。

第一项原则，政治现实主义认为，政治是由植根于人性的客观政治法则来支配的。这些政治法则是客观存在的，不以人们的主观意志为转移，也不受人们的偏好所左右。现实主义相信，人们完全有可能根据这些客观存在的政治法则建构出一种合理的、科学的理论。自从人类发现客观政治法则以来，人性从没有发生过变化（一直是性恶的），因此以人性为根基的客观政治法则也不会随着时代的变迁而失效。基于这些一直有效的政治法则而建立起来的政治理论，即使已年代久远，但依然没有过时，在分析现时政治问题时仍然相当实用。摩根索举了权力均衡理论的例子，虽然这一理论"在几百年前甚至几千年前就已经建立起来……但是人们却并不能得出它必然陈腐过时的推断"。如果因为一种政治理论是在几个世纪前建立的就把它想当然地抛弃掉，这种做法不是理性的，而是一种认为现在理所当然地优于过去的"现代主义偏见"在作怪。在摩根索看来，一种超新的政治理论可能因为人们闻所未闻，反而很难博得人们的赞同。对于新理论，人们向来"就易于得出对其正确性持怀疑而非认同的推断"。对于现实主义来说，政治理论的科学性必须接受推理和经验的双重检验。其实，摩根索是想通过第一项原则来说明，现实主义的权力政治理论是植根于人性的客观政治规则之上的，它不会因时间流逝而失效。

第二项原则，政治现实主义认为，以权力界定的利益这一概念是打开国际政治这扇大门的金钥匙。这个概念将权力和利益两个要素对接起来——利益是基础，但由权力来决定。有了这个概念，国际政治或者国内政治的理论的产生才成为可能；有了这个概念，我们才能将政治性的和非政治性的现象区别开来，从而使政治学相异于经济学（它的核心概念是以财富界定的利益）、伦理学、美学或宗教等其他学科，从而最终使政治学获得了独立的学科属性。

政治现实主义假定，政治家的思想和行动是从以权力界定的利益出发的。这个假定并不是凭空捏造的，而是得到了大量历史事实的佐证。摩根索指出，人们只要从这一假定出发去分析政治问题，就可以准确地回顾和预言过去、现在或未来的政治家们在政治舞台上已经采取的或将要实行的政策和行为。在摩根索看来，只要我们坚持从以权力界定的利益角度思考，我们对政治家的思想和活动的理解也许能比政治家自己的理解更为透彻，尽管他们才是政治这个舞台上的专业演员，而我们相比他们只是一个旁观者。

政治现实主义相信，不管什么类型的政治家，他们都是从以权力界定的利益出发来制定外交政策的。因此，尽管执掌一国政权的领导人会不断地更迭，但是不论这些相继执政的政治家有如何不同的动机、好恶、知识水平和道德品质，该国的外交政策将会出现惊人的连续性，政策大体上是前后一致的。可见，要分析外交政策，就需关注以权力界定的利益。摩根索认为，这样做可以防止出现两个常见的谬误：对政治家动机的关注和对意识形态倾向的关注。只从政治家的动机来寻找外交政策的线索既是无效的，也是靠不住的。因为动机是"心理现象中最虚幻的东西"，我们无法准确把握它。摩根索遂发出这样的疑问："我们是否真正知道我们自己的动机是什么？我们知道他人的动机是什么吗？"退一步讲，假设我们能把握住政治家的真实动机，那么也不会对我们理解外交政策有什么帮助，相反却极有可能将我们引入歧途。历史上曾多次出现过这样的情形，政治家们虽然怀着改善世界的良好愿望，但他们推行的政策却把世界搞得更糟。摩根索举了内维尔·张伯伦和罗伯斯庇尔的例子。张伯伦的绥靖政策的初衷是好的，但是却成了第二次世界大战爆发的催化剂。罗伯斯庇尔是有史以来最善良的政治家之一，但是正是他善良的乌托邦激进主义促使自己屠杀了许多人。政治现实主义预防的另一个常见谬误是：人们往往从政治家的意识形态倾向来推断他们的外交政策。摩根索承认，在当代民主社会里，政治家为了赢得人民大众对他们的外交政策的支持，习惯用意识形态的语言来粉饰他们的政策。但是，实质上这些政治家依然在维护他们的"官方责任"，即从国家利益出发来思考和行动。

第三项原则，政治现实主义认为，以权力界定的利益这一概念普遍适用于任何时期的政治领域，但不能将权力和利益的具体含义固定化。摩根索引用了古希腊时期的修昔底德、19世纪的索尔兹伯里勋爵和乔治·华盛顿总统以及20世纪的马克斯·韦伯等人关于利益的观点佐证指出：利益是政治的实质，它不会因时间和空间的变动而改变。诚然，利益与政治的这种关系是永久固定的，但是利益的具体含义却不是固定不变的，相反，它会在不同的历史时期表现出不同的含义。利益有多种形态，"在一个特定的历史时期之内，哪种利益能够决定政治行为，要视制定外交政策时所处的政治和文化的环境而定"。与利益一样，权力与政治的关系也是固定不变的，权力的内容及其运用的方式取决于特定时期的政治和文化环境。例如，在西方民主国家，权力要受到道德的约束和宪法的控制；而在历史的某个时期，权力又可能表现为一股未经驯服的野蛮的力量。

　　当代的国际环境是极不稳定的，随时有爆发大规模暴力冲突的可能，但是，现实主义认为这种情况可以被改变。权力均衡可以实现国内政治的相对稳定与和平，就如同在美国那样。如果把这种权力均衡再现于国际政治舞台的话，那么，相对的稳定与和平也将在国际社会中出现。

　　现实主义虽然相信利益是判断、指导政治行为的唯一标准，但是也清楚地认识到利益和国家之间的关系是历史的产物，它必将随着国家在历史进程中的消失而消失。现实主义毫不怀疑："目前的政治世界分裂为许多国家的现象将被更大的、性质十分不同的单位所取代。"这里的"单位"指的就是摩根索后来所极力提倡的"世界国家"。换言之，单个的民族国家被"世界国家"取代了。摩根索认为这种转变符合当代世界技术发展的趋势和道德的要求。

在如何改造当今国际环境的问题上，现实主义与其他学派分道扬镳了。现实主义认为，只有对各种客观存在的政治力量进行巧妙的驾驭，才能实现这种改造。现实主义强烈反对其他学派，尤其反对理想主义认为的光靠一个抽象的理想或道德就能够实现改造世界的目的。

第四项原则，政治现实主义明白政治行动的道德意义。现实主义清楚地看到道德要求与成功的政治行动的需要之间存在着一种难以避免的张力。现实主义者向来承认并且从不掩饰这种张力。

现实主义坚持认为，普遍的道德原则只适用于个人行为，而无法适用于国家行为。个人可以为捍卫一种道德原则而甘愿牺牲自己的利益，而国家则无权为一种道德原则而使自己的政治行动最终失败并进而损害了利益。摩根索举了这样一个例子，一个人也许可以代表他自己说："即使毁灭世界，正义也必须申张"，但是国家却无权以它所管辖的人民的名义这样说。在摩根索看来，事实上采取成功的政治行动、维护国家利益本身就是一种"基于国家生存的道德原则"。现实主义倾向采取一种谨慎的态度，事先对不同的政治行动的后果进行权衡，并保证最终选择的政治行动的后果是"最小的恶"。这种"谨慎"在现实主义看来就是政治领域的至高无上的"善"，是一种被摩根索称为"政治道德"的道德，它有别于一般的、普遍的、抽象的道德。那种只顾坚守普遍的、抽象的道德原则而不管在这种原则指导下的政治行动的后果的行为，根本谈不上是真正道德的。一言以蔽之，抽象的道德原则在判断行动时，要看它是否符合道德法则；而"政治道德"在判断行动时，要看它的政治效果如何。摩根索曾引用林肯的一段话来支持自己的观点，林肯是这样说的："我以自己所知道的最好方式、尽最大努力做到最好，并决心一直这样做，直到最后。如果最后证明我对，一切反对我的话就分文不值。如果最后证明我错，即使十个天使发誓说我对，也无济于事。"

第五项原则，政治现实主义坚决反对把特定国家的道德愿望说成是适用于全世界的道德法则。摩根索认为，任何一个国家都倾向于以适用于全世界的道德法则来粉妆和掩饰本国的特殊道德愿望和行动。这是一种巨大的诱惑，没有几个国家能够长期抗拒这种诱惑。摩根索曾比较过两种信念，用以讽刺国家的上述行为。一种信念认为，所有国家都将受到凡人无法预知的上帝的审判。在摩根索看来，这种信念是适用于全世界的道德法则。而另一种信念则认为，上帝永远站在自己一边，自己的意愿势必也是上帝的意愿。在摩根索看来，这就是一种典型地把特定的道德愿望说成是适用于全世界的道德法则的体现。这两种信念看似相近，实质上却是天壤之别。现实主义认为，随意地将某一特定的具有狭隘民族主义情结的道德意愿与上帝的意旨等同起来，不仅在道德上是站不住脚的，而且在政治上也是有害的。例如，一些信仰基督教的欧洲民族曾打着上帝的名义，进行了狂热的十字军东征，毁灭了许多民族和文明。那么，如何才能把人类从这种道德上的极端和政治上的愚蠢中拯救出来呢？在摩根索看来，以权力界定的利益概念是解决这一难题的不二法门。国家之间相处的基本原则不再是道德，而是以权力界定的利益。如果世界上所有的国家都视彼此为追求以权力界定的利益的政治单位，那么他们就能够以公正的态度看待彼此，和谐共存于国际社会中。这样，我们在以权力界定的利益指导下制定的外交政策就会考虑到他国的利益，并尽可能地尊重他们，同时又能保护和增进我们本国的利益。这是一种

"双赢"。

第六项原则，政治现实主义和其他学派之间通过以上五项原则反映出的差异是真实的、深刻的。无论政治现实主义的理论受到多大的误会和曲解，都不会改变他对政治问题所持的这种独特的学术立场和道德态度。

政治现实主义者向来注重保持政治领域的独立性，正如经济学、律师注意保持各自领域的独立性一样。要做到保持领域的独立性，就要用适合该领域的准则来判断事务。经济学家的准则是从以财富界定的利益概念出发来看待问题，律师的准则是从法律法规出发来分析问题，而政治现实主义者的准则是从权力界定的利益概念出发来考虑问题。对于一个政策，经济学家喜欢问："这个政策对社会或社会某部分的财富有何影响？"律师则要问："这个政策是否符合法律的规定？"而政治现实主义者会问："这个政策将如何影响国家的权力？"政治现实主义者坚决捍卫政治领域的独立性，强烈反对其他学派把适用于其他领域的准则套用在政治领域的做法（在摩根索看来，政治现实主义与法理主义、道德主义等其他学派争论的核心就在这个地方），尽管政治现实主义者承认除了政治准则外，还存在着其他类型的准则。因为每一种准则都应该有各自适用的领域，而在政治领域，适用的只能是政治准则，其他一切准则都必须从属于政治准则。这种张冠李戴的现象在历史上发生过多次，摩根索曾举了几个例子来说明这个问题。

其中一个例子是1939年苏联进攻芬兰。法国和英国认为苏联的这一举动违背了《国际联盟条约》，所以执意要把苏联逐出国际联盟组织，并且准备出兵援助芬兰抵抗苏联。英、法当时的外交政策是一种典型的法理主义，即根据法律准则来决定政治行动。这种做法差点闯下大祸。幸亏后来因为瑞典拒绝英、法军队的过境请求，两国才未能加入对苏作战的行列中。如果没有瑞典的恰巧拒绝，英、法在二战中不仅可能失去一位重要盟友——苏联，而且还可能同时对苏、德作战。相反，如果当时英、法在苏联进攻芬兰的问题上选择的是现实主义立场的话，他们可能会这样来分析问题：首先要看苏联的行动以何种方式影响了英、法的利益，其次要看英、法联盟与苏、德联盟双方之间的权力分配情况，再次要看可能作出的反应对英、法的利益以及未来的权力分配产生什么影响。按照这种思路来分析政治问题是不是更加合理呢？

还有一个例子是，对意识形态不同的国家应采取的态度。如果按照道德主义的立场来看待这一问题的话，很容易得出这样的结论：这个政府的性质和政策不符合西方世界的道德原则，不应当与这样一个政府打交道。但如果是现实主义的话，它可能会这样来分析上述问题，即反复推敲一种或另一种行动路线会对每一方所涉及的利益和权力产生什么样的影响。只要根据这种方式来思考问题，不管最终得出的结论是什么，它都能称得上是个明智的决定。

政治现实主义认为人性是多元的，比如，在一些情况下会表现出"经济人"的一面，而在另一些情况下又会表现出"政治人"的一面，同样，有时也会表现出"道德人""宗教人"的一面。如果人性只有单纯的一面，那么这个人很难称得上是个健全的人。摩根索曾假设："一个人如果只是纯粹的'政治人'，他将是一只野兽，因为他丝毫不受道德约束……一个人如果只是纯粹的'宗教人'，他将是一个圣徒，因为他根本没有世俗的欲望。"除了认识到人性是多元的，具有许多不同的侧面之外，政治现实主义还进一步认为要理解人性中的某一侧面，就必须从这一侧面的角度来研究它，并且在这一侧面的研究中应用适合于这方面的思想准则。摩根索就此举例说："如果我想理解'宗教人'，我必须暂时从人性的其他方面中超脱出来，而专门研究人性中的宗教方面，好像宗教方面是人性中唯一方面一样。不仅如此，我必须在宗教方面的研究中应用适合于这方面的思想准则……"经济学家就非常擅长这么做。他们在研究经济现象时建立了一套适用于该领域的思想准则，并且抵制了其他思想准则的介入。在摩根索看来，正因为经济学家们这样做了，经济学才发展出一套独立的理论。政治现实主义的目标之一，就是使政治学能像经济学那样获得独立性，发展出一套独立的政治理论。

政治现实主义非常清楚，基于上述六项原则的政治理论很难获得全体一致的赞同，而根据这种政治理论制定的外交政策同样也不会得到一致赞同。因为该理论和政策有悖于传统文化中的两种倾向。其中一个倾向是，根据19世纪的经验和哲学而轻视权力在社会中的作用；另一种倾向是，人们习惯掩饰政治的真相，在国际政治中尤其如此。可想而知，如果政治现实主义坚持用自己的理论来理解国际政治的实际状况，它就必须克服一种其他大多数学科不需要面对的心理上的阻力。

权力政治

摩根索根据自己提炼的现实主义六项原则建构出一种全新的国际政治理论——权力政治理论。权力政治理论的内在逻辑简单而言就是：人性从根本上讲是自私的，每个人都倾向于将自己的利益置于他人利益之上。于是，人们相互之间的利益斗争变得不可避免，"一个人所希望得到的东西，他人可能希望继续持有或也希望得到"。这种利益斗争是普遍存在于包括政治领域在内的各个领域中的。但是，政治领域较其他领域更为特殊的是，利益一般是通过权力来界定的，也就是说，利益最终是由权力的大小来决定的。因此，在政治领域（包括国内政治和国际政治），人们由于自私的本性而发生的利益斗争，最终会表现为权力的斗争。可见，在国际政治领域中，各个国家的外交应当都是为了本国利益而服务，换言之，是为了保持、扩大和显示国家权力而服务。概言之，国际政治就是权力政治，是各国为追求自身利益而进行的权力斗争。为了验证自己的这一论断，摩根索曾经作过一项分析，他发现："支配倾向是所有人类组织联系中的一个基本因素，贯穿于从家庭到联谊社团、专业协会、地方政治组织以至国家的各个层面上。"根据这一发现，摩根索认为："鉴于权力斗争在所有社会关系和各层社会组织中无所不在，国际政治必然是权力政治这一论断有什么值得大惊小怪的呢？"

摩根索的权力政治理论有两个核心概念："国家利益"和"权力"。在如今的国际舞台上，无论你是在制定某项外交政策，还是在分析某种国际关系，摩根索的这两个核心概念都是经常被使用的，甚至可以说是使用次数最多的。有人说，这是摩根索的权力政治理论深入人心的最好证明。

摩根索认为，国家利益是由持续不变的、攸关国家生存的"最低要求"和"逻辑上与之相符的全部其他易变的和纷杂的涵义"所构成的。也就是说国家利益包含两部分。一部分是指"最低要求"，或曰"其利益相对于其他单位的必要因素"，简单地说就是"以其身份而……生存"，即"一国的领土、政治制度及其文化之完整"。如此界定的国家利益，即国家安全，是保证国家这一政治单位持续生存的核心，"对此，外交必须毫不妥协地，甚至不惜冒战争风险予以捍卫"。摩根索认为，对自我生存漫不经心的国家不可能在一个无政府的世界上长久存在。我们因而可以假设那些生存下来、组成了当代世界的国家是那些在意生存的国家。另外一部分国家利益是可变部分利益，即可以并应该成为与其他拥有自己合法利益的国家讨价还价的对象。

摩根索虽然鼓励一国争取自己的国家利益，但并不支持它为达目的而无所不用其极的做法。他认为，争取国家利益有一个基本的限度或曰前提——不损害他国的国家利益，这是政治道德的要求。"一国之国家利益不仅要明白自己的利益，也要明白他国的利益，一国之国家利益的界定应与他国的利益相协调"。要平等看待各国的国家利益。

摩根索认为，（政治）权力的概念是政治学中最困难、争论最多的问题之一。几乎每一位政治学者在研究权力时都要尝试对权力概念做出自己的理解，摩根索自然也不例外。他曾在《国家间政治》中对权力和政治权力概念作了必要的廓清，他指出，在本书中讲到的权力不是指"人类驾驭自然的力量，或掌握某些艺术手段诸如语言、会话、声音、色彩的能力，或支配生产资料或者消费资料的能力，或自我控制的能力"。他所言的权力是指人对支配他人的意志和行动的控制力。这种权力具体到政治领域就是政治权力，它特指公共权威的掌控者之间以及他们与一般公众之间的控制关系。这种控制关系实质上是权力行使者与权力施行对象之间的一种心理关系。前者通过影响后者的意志而对其某些行动有支配力量。这种影响可以通过命令、威胁、个人的权威或超凡魅力，或任何这些因素的结合来实现（马克斯·韦伯也有类似的观点）。

为了更好地理解权力的定义，摩根索作出了四种区分：权力与影响力、权力与武力、可用的与不可用的权力、正当的与非正当的权力。

权力与影响力的区分。美国国务卿就外交政策的实施为总统出谋划策，假如他的意见被采纳了，我们就可以说他影响了总统，这是一种典型的影响力的体现。但是国务卿并无权支配总统，没有办法将自己的意志强加给总统。相反，总统却有支配国务卿的权力，可以将自己的意志强加给国务卿，而这就是权力的体现。

权力与武力的区分。武力即实际使用的暴力，它的行使意味着政治权力让位于军事力量。换言之，实际使用暴力会使两个人或两个国家之间原有的权力关系（一种心理关系）被他们彼此间的身体接触（武力相向）所取代。

可用的与不可用的权力之区分。核武器的出现使得这种区分变得尤为重要。核武器与常规武器最大的不同在于它仅仅是一种权力的象征，而不能被随便使用。因为它的破坏性是巨大的，在毁灭对方的同时，也必然导致自我的毁灭。相比之下，常规武器则可用作外交政策的工具，因为"只要甘冒相应的风险有限地损害对方，一国就确实能够把常规力量用作改变对方意志的适当工具"。

正当的与非正当的权力之分。所谓正当的权力，即获得道德支持或法律认可的权力。而非正当的权力通常指那种以赤裸裸的方式来行使的权力。摩根索曾举例说，警察凭搜查证搜捕人的权力与强盗持枪搜抢人的权力在本质上是不同的。摩根索认为，能够获得道德或法律认同的正当权力比同等情况下的赤裸裸的非正当权力可能更为有效。换言之，正当权力比同等情况下的非正当权力更能影响对方的意志。摩根索的这番精辟的分析就可以帮助我们解释历史上曾反复出现的一种现象——为什么一个国家喜欢用自卫或者联合国的名义来实行某种政治行动？答案是这样做"能够比'侵略'或违犯国际法更为成功地行使权力"。在摩根索看来，意识形态也可以做到这一点，即赋予一种政治权力正当性。许多国家都喜好这么做，例如，美国为了让霸权披上正当性的外衣，它总是打着人权、民主、自由、文明等意识形态的幌子。

前面已经提及政治权力的行使可以通过命令、威胁、个人魅力或这些因素的组合来达到。在摩根索看来，这一定律在国内政治中表现得最为明显，而在国际政治中虽然不甚明显，但同样是真实存在的。他强烈反对一种倾向——认为在国际社会中政治权力的行使只能通过成功的武力威胁和强迫才能实现。摩根索认为，这种倾向忽视了个人魅力在权力行使中的重要作用。"如果我们不考虑像拿破仑或希特勒那样的领袖的魅力……我们就不能理解某些在当代尤为重要的国际政治现象"，摩根索如是说。

权力在政治领域中是如此重要，以至于摩根索坚持认为，权力在政治领域是最直接也是最重要的目的，就像经济关注物质福祉，法律关注合法行为一样。可见，在摩根索那里，权力始终是政治的核心，不仅在国内政治中是这样，在国际政治中也是这样。"国际政治与国内政治在本质上是完全相同的。这两种政治都是争夺权力的斗争，它们的不同仅仅在于这种斗争在国内范围和在国际范围赖以进行的条件不同。"如果我们想要研究国际关系中某些不以权力为中心的因素，就应该研究国际经济学、国际法或国际社会学而非国际政治。国际政治必然是权力政治这一事实在实践中被反复验证。尽管如此，还是有学者、政论家，甚至政治家时常跳出来否认这一事实，在摩根索看来，这种行为就是"对政治权力的贬抑"。摩根索分析这些人之所以这么做是因为他们接受了如下的信念：国际舞台上的权力斗争只是一种偶然的、暂时的现象，一旦产生这一现象的特殊历史条件被消除，它也会随之消失。比如，杰里米·边沁认为争夺殖民地是一切国际冲突的根源，一俟殖民地获得解放之后，国际冲突和战争就必然会消失。科布登和蒲鲁东则认为贸易壁垒是国际冲突的主要原因，国家间的永久和谐会随着贸易壁垒的消除而来临。马克思主义者相信资本主义是国际冲突和战争的根源，而国际社会主义将扫除国际舞台上的权力斗争并带来永久和平。自由主义者深信腐朽的旧制度是产生权力政治和战争的温床，民主制度和立宪政府的建立将确保国际和谐与永久和平。摩根索指出，那种认为可以从国际舞台上消除权力斗争的信念，曾在国际联盟和联合国等世界组织建立后变得更为坚定。比如，美国前国务卿科德尔·赫尔认为，联合国的成立将意味着权力政治的终结和国际合作新纪元的来临。英国前外交大臣菲利普·贝克也发表过类似的观点，他说，英国政府"决心运用联合国的有关制度来消灭权力政治，以使人民的意志通过民主的方法取得至高无上的地位"。

摩根索对上述信念进行了驳斥，他说："不可否认的是，在整个历史时代中，不管社会、经济和政治条件如何，国家总是在争夺权力的过程中彼此相遇。"摩根索承认，在某些原始部落中可能不存在权力政治。但是谁能保证可以在全世界范围内普遍地营造出像原始部落那种生存环境，从而消灭全世界范围内的权力斗争呢？摩根索发出这样的疑问。如果只是地球上的某些民族做到像原始部落那样超然于权力欲之上，而其他民族仍然抱有权力欲的话，那么这不仅是毫无意义的，而且是极度危险的。因为那些已经摆脱权力欲的民族势必将沦为另一些握有权力欲的民族的牺牲品。

还有些人承认国内政治中的权力斗争是长久的，而却视国际舞台上的权力斗争为暂时的。在摩根索看来，国际政治与国内政治在本质上是完全相同的，都是权力斗争。因此，他对这些人嘲笑道："如果说权力斗争是国内政治所有领域中的一个永久性和必然性的因素，而同时又说权力斗争只不过是国际政治中的一个偶然的和短暂的属性，岂非咄咄怪事?"

摩根索认为，之所以会出现上述贬低权力政治的信念和行为，原因来自两个方面：一是形成于19世纪的关于国际关系的哲学。19世纪是属于资产阶级的年代，资本主义制度开始大范围地取代落后封建贵族政体。资本主义通过一套似乎是自由、民主、平等的法律法规掩盖了过去贵族政体习以为常的权力斗争。而这一成功实践后来被提炼成一种处理国内事务和国际事务的哲学。另一原因是美国的经验。这种经验包括三个方面：一、美国所作的独特尝试。美国在独立战争胜利后建立了一种不同于欧洲的全新的资本主义政体，它自然也奉行一种不同于欧洲的外交政策。而在当时的美国总统华盛顿看来，摆脱欧洲政治就意味着摆脱权力政治本身。二、美国与19世纪世界冲突中心的实际隔离状态。美国在建国后一直保有一种孤立主义倾向，在19世纪的大部分时间里，美国的外交政策使美国人得以保持旁观者的角色。摩根索分析了当时美国人的想法，"从最坏的情况来说，他们会继续旁观别国进行的权力政治游戏；而从最好的情况来说，随着民主制度在世界各地的建立，终场的帷幕很快就要落下，权力政治的戏码从此不再上演"。三、美国政治思想中存有的人道主义、和平主义与反帝国主义。这些思想是与权力政治格格不入的。

在这里，还有一点需要补充说明的是，一般而言，国际政治不仅仅指代国家之间的政治来往，同时也会涉及除国家以外的诸多非国家性质的行为体，如民族主义组织、跨国公司、非政府国际组织等。但在摩根索的整个权力政治话语体系里，所提到的"国际政治"指的都是"国家间政治"，并不涉及其他非国家性质的国际行为体。换言之，摩根索所说的权力斗争只是发生在国与国之间。尽管摩根索三令五申地对此作了反复解释，但是仍有许多批评者不分青红皂白指责摩根索的观点——国际政治就是权力政治。批评者的理由就是，许多非政府组织之间的政治来往并不是为了权力。这些批评者不妨抽点时间翻翻摩根索的代表作《国家间政治》。该书的书名实际上就已经能回答这些人的疑问了，它明确限定了本书的研究范围只是国家间，至于其他国际行为主体不在本书的研究范围内。

第 4 章

寻求权力的斗争

摩根索认为，无论是国内政治还是国际政治，权力斗争的目的是为了寻求权力，而寻求权力不外乎有三种类型：或是保持权力，或是增加权力，或是显示权力。就国际政治领域来说，寻求权力的三种类型又衍生出与之相适应的三种类型的外交政策：一种是现状政策，即一国的外交政策旨在保持权力而不是去改变权力分配的现状；一种是帝国主义政策，即一国的外交政策趋向于通过改变现存的权力分配关系，进而获得比原先更多的权力；还有一种是威望的政策，即一国的外交政策想通过显示它拥有的权力，来达到维护或增加自身权力的目的。

现状政策

摩根索给现状政策下了一个简明的定义：一种旨在"维持历史上某一特定时刻所存在的权力分配"的外交政策。摩根索同意有些人说的，现状政策在国际政治所履行的功能，与保守政策在国内政治中所发挥的作用是相同的。现状政策最常出现在一场战争结束之时，相应国家的权力分配会被以条文的形式确定在战后和平条约之中。和平条约把这场战争中的胜利和失败所造成的权力变动固定下来，并确保新的权力分配状况的稳定性。比如，1815年《巴黎条约》的签订就意在维持拿破仑战争结束时存在的权力现状，而当时的神圣同盟国主要扮演该条约的保证者的角色。还有，第一次世界大战结束时存在的权力分配状况，在1919年的《凡尔赛和约》中得到了法律上的确认，而国际联盟当时的主要任务就是要维持该和约中规定的权力分配现状。后来，对这种权力分配现状不满的德、意、日三国断绝了各自与国际联盟的关系。

现状政策除了主要体现在战后和平条约和支持和平条约的国际组织中，有时还表现为一些国家通过专门性的条约来维护某种权力分配现状。在这方面，摩根索举的例子是1922年在美国华盛顿签订的《九国公约》和1925年签订的《洛迦诺相互保证条约》。前者主要是用来稳定和维持缔约各国当时在华的权力分配状况，后者主要是重申维持当时德国领土的现状。

此外，同盟条约往往在某些方面也具有维持现状的作用。比如，1871年反法战争胜利后，俾斯麦试图建立防止法国发动复仇战争的同盟，并借以维持德国在欧洲大陆刚刚赢得的支配地位。类似的同盟还有，1879年德、奥结成防范俄国的同盟；1894年法、俄结成反对德、奥同盟的同盟。在第二次世界大战前，法国、苏联、波兰、捷克斯洛伐克以及罗马尼亚相互之间缔结盟约，旨在防范德国和维持欧洲现有的权力分配状况。1939年，英国与波兰结盟是制止二战爆发、维持德国东部疆界的领土现状的最后一次尝试。冷战时期，苏联与东欧诸国缔结的华约同盟以及欧美国家结成的北约同盟，在一定程度上讲也是以维持现状为目的，这种现状指的就是二战结束时所形成的权力分配版图。

还有一种典型的现状政策，就是美国曾经坚持的门罗主义。门罗主义意在维持两方面的现状：一方面，它承诺美国将尊重欧洲列强在西半球的权力分配现状；另一方面，它声明美国将抵抗任何非美洲国家对西半球权力分配现状的任何改变。

在对现状政策进行上述的论述之后，摩根索认为还有一点需要补充说明的是："现状政策是以维持某一特定历史时刻存在的权力分配为目标的，但这并不意味着现状政策必然反对任何变化。"现状政策只是反对那种使原有的权力分配关系发生了质的变化。摩根索举例说，如果 A 从一流强国沦为二流国家，而 B 则升至 A 先前占据的显赫地位，这种变化是现状政策所不容许的。权力分配出现小幅变动但依然保持了相关国家原有权力地位的完整，对于这种情况，现状政策是允许其发生的。比如，美国 1867 年从俄国手中购得拉斯维加斯，但在当时并没有对美、俄的权力地位产生较大的影响，换言之，两国之间的权力分配状况并没有因此而改变，这是符合现状政策的。

帝国主义政策

摩根索对"帝国主义"下的定义与学界对帝国主义的传统定义有所不同。传统的观点认为，帝国主义是指一个国家在政治、经济、文化等方面对其他国家实行控制，在词性上属于贬义词。而摩根索则没有苟同这一观点，他力图把"帝国主义"一词解释成一个中性术语，即旨在推翻国际现状、使国家间权力关系逆转的政策就是帝国主义政策。摩根索对帝国主义的这一全新定义可谓大胆，它与列宁对"帝国主义"所作的经典定义大相径庭。但是摩根索就是摩根索，他不但没有臣服于学界权威，而且还对其提出了批判，并在此基础上重构了一个全新的"帝国主义"的定义。

摩根索在《国家间政治》一书中指出，有三种错误使用"帝国主义"概念的情况需要人们注意。第一种，认为所有旨在增加一国权力的外交政策都必然是帝国主义的政策。秉持这种看法的人主要有两类：第一类人，他们是一贯反对某个特定强国及其政策的人，如所谓的"恐英派""恐俄派"和"反美派"等。在这类人看来，一个强大的国家向来是令人恐惧的，它的存在本身就是对世界的威胁，一旦它开始打算增加自己的权力，那必定是有一种征服世界的企图，毫无疑问这当然是一种帝国主义的表现。第二类人，他们是19世纪政治哲学的继承者。这类人认为任何积极的外交政策都是一种邪恶，它与作为典型邪恶的帝国主义是一路货色，在可预见的未来注定要消失。而寻求增加权力就是一种典型的积极的外交政策，自然也是帝国主义的表现。

第二种，认为所有旨在维护既存帝国的外交政策都是帝国主义的政策。持这种观点的人普遍认为，像英国、苏联或美国这样的国家，为了维持自己的帝国霸业而做的一切努力都是帝国主义的。在摩根索看来，维持帝国的政策实际上与现状政策更接近，具有静态和保守的性质，不能被称为帝国主义的政策。因为"帝国主义"在摩根索那里具有动态的内涵，是一个能动过程——旨在改变现状。

第三种，用所谓的帝国主义经济理论来解释帝国主义。关于帝国主义的经济理论主要有三个不同的流派：马克思主义帝国主义论、自由主义帝国主义论和帝国主义"妖魔"论。摩根索指出，马克思主义帝国主义论与马克思主义的其他理论一样都是基于一条思想原理：政治是经济的集中体现。根据这一原理，帝国主义这一政治现象必然是它赖以滋生的经济制度即资本主义的产物。资本主义不能在其内部为商品找到足够的市场，也不能为资本找到足够的投资场所，所以，对外侵略扩张即帝国主义政策便成了资本主义为其剩余商品和资本找到出路的最佳选择。温和的马克思主义者，如考茨基，相信帝国主义是一种资本主义政策，是可以根据情势作出选择的。而以列宁为首的激进的马克思主义者则干脆把帝国主义和资本主义等同起来，认为帝国主义就是资本主义发展的最后阶段，即垄断资本主义阶段。自由主义帝国主义论的代表人物是约翰·霍布森。他认为，由于资本主义制度内部的失调才导致出现剩余商品和资本等问题，推行帝国主义政策可以解决这些问题，但这并不是最佳办法。在他看来，适当的国内改革——提高购买力和消除过度储蓄是解决上述问题的最佳良策。换言之，帝国主义政策能被国内改革所取代，它是可以避免的。这是自由主义者与马克思主义的主要区别。

在摩根索看来，与上述两种理论相比，帝国主义"妖魔"论的知识层次要低得多。他们简单地断定帝国主义和战争无非是邪恶的资本家为了个人获利而策划的阴谋。摩根索对上述三种理论进行了批驳。他认为，所有对帝国主义的经济解释，无论是细致的（如马克思主义帝国主义论和自由主义帝国主义论）还是粗糙的（如帝国主义"妖魔"论），都经不起历史实践的检验。从单一的经济角度解释帝国主义，往往会犯下以偏概全的错误，而且极有可能会掩盖帝国主义的真实本质。摩根索承认，在19世纪晚期和20世纪初，有一小部分战争主要是受经济目标驱使的，如1899~1902年的布尔战争。英国开采金矿的经济利益是导致布尔战争的主要原因。但是，放眼整个资本主义时期，除布尔战争外，没有哪次国家之间的战争主要是为了经济目标而进行的。为了论证自己的这一观点，摩根索列举了许多战争史实。比如，1866年的普奥战争和1870年的德法战争就不具有任何重大的经济目的，相反两次战争都是为了确立一种新的权力分配关系，是一场完完全全的具有帝国主义性质的政治战争。还有，两次世界大战的爆发主要缘由在于争夺欧洲以至整个世界的支配权。如果用前资本主义时期的历史案例来验证帝国主义的经济理论的话，它们就更站不住脚了。无论是古代的波斯帝国、罗马帝国，还是近代的路易十四、彼得大帝和拿破仑，他们推行的政策就其政治意义而言是帝国主义的政策，但这和经济目的没有多少关联。一言以蔽之，无论是前资本主义时期的帝国主义，还是资本主义时期的帝国主义，它们都具有共同的特征——推翻既有权力分配关系，代之以新的权力分配状况。在摩根索看来，这才是帝国主义的真实的本质特征。

摩根索接着指出帝国主义的产生有三种诱因。第一种诱因是战争的胜利。当两国交战时，不管战争开始时的目的是什么，一旦有一方预期能够取得胜利，那么他就会把这场战争上升为改变权力现状的帝国主义战争。第二种诱因是战争的失败。战败者心中会滋生一种愿望，即改变自己对战胜国的从属地位，推翻因为战败所造成的现有的权力格局。这种愿望极有可能导致战败国在条件成熟时采取一种改变现状的帝国主义政策。摩根索认为，这种帝国主义是对他国曾经成功的帝国主义的反应，其典型例子就是自1935年到第二次世界大战结束时的德意志帝国主义。第三种诱因是虚弱。弱国或政治权力真空地带的存在对强国具有吸引力，殖民帝国主义就产生于这种情况。

在指出帝国主义的三种诱因后，摩根索还提出了帝国主义的三个目标：基于全球范围的世界帝国、基于大陆范围的大陆帝国和区域化的权力优势。

以世界帝国为目标意味着该国推行一种无限制的帝国主义政策，即除了来自一些不怕牺牲的国家或民族的抵抗之外，可能就没有任何限制了。从历史上看，以世界帝国为目标的典型代表是亚历山大大帝、公元7~8世纪的阿拉伯人、拿破仑以及希特勒等人的扩张主义政策。这种扩张没有任何理性的限制，只要没有一个优势力量阻止它的话，它就将一直被推行下去，直到整个世界被其占领。在摩根索看来，恰恰是这种无节制的征服成为这一类帝国主义政策最终失败的主要原因。

以大陆帝国为目标则意味着该国推行一种受制于地理因素的帝国主义政策。这方面的例子有：欧洲列强（如路易十四时期的法国、威廉二世时期的德国）想方设法获取对欧洲大陆的支配权；加富尔在19世纪50年代寻求控制意大利半岛；1912年巴尔干战争的各参战国渴望获得巴尔干地区的霸权；墨索里尼曾试图把地中海变为意大利湖；19世纪美国的政策是要控制北美大部分地区，如此等等。

以区域化的权力优势为目标说明该国根据自身的情况，在精心选择的区域范围内，推行一种区域性的帝国主义政策。这方面的典型例子是俾斯麦在19世纪推行的区域性帝国主义政策，他企图在中欧这一特定的区域内使德国获得权力上的优势。换言之，俾斯麦的帝国主义目标是区域化的权力优势——称霸中欧。很有意思的是，俾斯麦和其身后的威廉二世、希特勒都同为德国人，但三人的帝国主义目标却大相径庭。威廉二世的帝国主义目标是大陆帝国——称霸全欧，希特勒的帝国主义目标则是世界帝国——称霸全球。

在分析完帝国主义的三种诱因和三种目标后，摩根索紧接着又指出帝国主义政策可以使用的手段主要有三种：军事帝国主义、经济帝国主义和文化帝国主义。一种常见的错误观点是将这三种手段等同于帝国主义的目标，认为军事帝国主义只是为了达到军事征服的目的，经济帝国主义只是为了实现经济剥削，文化帝国主义只是为了进行文化侵略。摩根索承认，军事帝国主义是在寻求军事征服，经济帝国主义是在寻求经济剥削，文化帝国主义是在寻求文化侵略。但是，他认为这些仅仅是个手段，是为了达到一个共同的目的：实现帝国主义——推翻现状、逆转权力关系。换言之，帝国主义政策的最终目的不是军事利益、经济利益、文化利益等，而是改变权力现状。至于帝国主义政策的具体目标，前文已经有所提及，它主要有三种：世界帝国、大陆帝国和区域性的权力优势。在摩根索看来，为实现改变权力现状的目的，军事、经济和文化三种手段或单独使用，或结合起来使用。

军事帝国主义被摩根索视为"最明显、最古老也是最残酷的"帝国主义手段。这种手段的优越性在于可以帮助一个国家通过军事征服推翻现状，建立一种新的权力关系。这种新的权力关系看似非常稳固，因为它往往只能通过由被征服国家挑起的另一场战争来改变，而这种战争通常又是不利于被征服国的。军事帝国主义手段相对于经济帝国主义手段和文化帝国主义手段来说，它还有一大优势在于，可以帮助一个国家更加迅速地实现自己的帝国主义目标，并从军事征服的过程中得到最大限度的物质需要和精神需要的满足。摩根索列举了拿破仑，他本可以通过法国大革命的思想力量，也就是用文化帝国主义的手段来慢慢确立法国在欧洲以至在世界上的霸权地位。但是他最终选择了可以更快地达到自己的帝国主义目标和最大限度地满足自己的个人欲望的军事帝国主义手段。在摩根索看来，军事帝国主义手段除了具有上述优势外，它也是有明显缺陷的，因为军事征服堪似一场赌博，具有相当的风险性，最终的胜负是难以预料的。有的国家通过军事征服最终得到了一个帝国并保有它，如古罗马；也有的国家通过军事手段得到一个帝国后并没有就此打住，而是又在力图得到更多利益的过程中失去了这一帝国，如拿破仑时的法国；还有的国家在军事基础上建立了帝国，但很快又失去它，并且使自己沦为其他国家帝国主义的牺牲品，如希特勒时期的德国、墨索里尼时期的意大利以及法西斯时期的日本。

至于什么是经济帝国主义，摩根索是从两个方面来解释的：一方面，它的目标是通过改变帝国主义国家与其他国家的权力关系进而来推翻权力分配现状；另一方面，它依靠经济控制而非通过领土征服来实现这一目标。在摩根索看来，如果一国不能或不愿通过征服他国领土来达到自己的帝国主义目标，那么经济控制也许是其实现自己目标的最佳手段。例如，美国为了自身的利益和安全的考虑，一直想控制中美洲的那些小国。但是这些国家国土虽小，可都是具有完全主权的国家。对它们采用直接的军事上的领土征服，像美国这样的民主国家基本上是不会这么做的。美国采用的正是通过来往贸易来牢牢控制这些国家，使他们的经济生活几乎依赖于美国的出口。因此，"除非它们得到其他来源的重大支持，否则它们就片刻都不可能奉行美国所反对的任何内外政策"。摩根索指出，与军事帝国主义手段相比，经济帝国主义手段的优势在于性质上较为理性，不必承担太大的风险，形式上相对间接，不易察觉且不引人注目，但其劣势在于使用起来不够直接、迅速、有效。

经济帝国主义不是从来就有的，而是历史发展的产物。准确地说，经济帝国主义产生于近代。换言之，经济帝国主义是

"重商主义和资本主义扩张时期的伴随物"。经济帝国主义有时也被形象地比喻为"金元外交"。摩根索指出,这种手段曾在英、法帝国主义的历史中发挥过重要的作用。比如,18世纪以来,英国在葡萄牙的影响下一向是靠强有力的经济控制来支撑的;英国曾在阿拉伯世界的优越地位也是经济帝国主义的产物;在两次世界大战之间,法国就是利用经济帝国主义的手段才获得对罗马尼亚等国的支配性地位。

文化帝国主义在三种手段中是最微妙的一种。在摩根索看来,如果该手段能够单独使用并能最终获得成功的话,它也算是最令人称道的一种帝国主义手段。它虽然与军事帝国主义、经济帝国主义的目标相同,都是为了达到推翻权力分配现状的目的,但是它使用的方式却是独一无二的。它既用不着野蛮地征服他国领土,也用不着千方百计地控制他国的经济生活,它只需征服和控制它们的心灵。摩根索曾做过这样的设想,虽然A国没有进行军事威胁或使用军事力量,也没有施加经济压力,但它只要通过优越的文化和更富有吸引力的政治哲学(或曰政治意识形态)征服了B国所有决策人物的心灵,使B国服从其意志,那么,A国就将赢得比军事征服和经济控制更彻底的胜利。但摩根索也知道,这只是个假设。他认为:"文化帝国主义一般达不到如此完美的胜利而使其他帝国主义手段成为多余。"在实践中,文化帝国主义通常是作为另外两种帝国主义手段的附属形式来发挥作用的。换言之,文化帝国主义用于从思想上软化敌人,配合军事征服或经济渗透。在现代历史中,纳粹党曾成功使用过文化帝国主义这一手段。在出兵奥地利之前,纳粹党首先用其意识形态影响了奥地利的政府官员,这样就形成了一个亲纳粹党的奥地利政府。于是,1938年奥地利政府主动邀请德国军队进占奥地利,使得希特勒不费一兵一卒就走出了自己帝国主义扩张的第一步。纳粹党用同样的手段在法国也取得了相当大的成功。在法国沦陷之前，法国政府内外的大批有影响的人物实际上已经皈依了纳粹党的哲学，这为希特勒日后轻而易举地征服巴黎打开了方便之门。在摩根索看来，如果说奥地利和法国"在军事上被彻底地征服之前，已经被文化帝国主义手段部分地征服了，这并非夸大其词"。后来的英国吸取了上述两国的教训，在二战爆发时果断地拘留了在其境内的所有已知的纳粹党人及其同情者，从而避免了文化侵略的再次上演。摩根索认为，苏联对东欧国家的控制则是混合使用了文化帝国主义、经济帝国主义及军事帝国主义三种手段。首先，军事征服是苏联控制东欧各国的基础；其次，配合军事征服并部分地代替军事征服的经济帝国主义，使得苏联控制了东欧国家的经济生活，并最终迫使这些国家对苏联产生经济依赖；最后，文化帝国主义手段的使用即共产主义意识形态的宣教，使得东欧各国最终心甘情愿地忠诚于共产主义，进而忠诚于苏联。

在上文已经提及，文化帝国主义一般扮演从属于军事帝国主义和经济帝国主义的次要角色。经济帝国主义尽管有时能自行其是、单独使用，但也常常用于辅助军事帝国主义。而军事帝国主义却能够通过非军事方式即其他两种手段的配合和支持下实现最终的征服和控制。这些观点在摩根索看来是言之凿凿的，但他也强调：一个帝国如果仅仅建立在军事征服之上是不可能长久的，还必须建立在对被征服者的生计的支配和对他们的心灵的控制之上。然而就是这么一个简单的道理，在历史上，除了罗马帝国外，从亚历山大到拿破仑再到希特勒的所有帝国主义者都没有做到这一点，所以不可避免地都相继落入了失败的窠臼。摩根索指出，自第二次世界大战结束以来，经济帝国主义和文化帝国主义在一国的全部外交活动中所占的比例大大增加了。究其原因，主要有两点：一是，在核战争的阴影下，军事帝国主义不再是一国追求权力扩张的理性工具，而经济和文化手段成了它实现自己帝国主义目标的最佳选择；二是，二战后在世界范围内掀起的民族解放浪潮，使得原来的殖民帝国瓦解为许多新兴的但却很弱小的国家，他们中的多数为求生存必须依赖外援，这就为一些帝国主义国家利用经济和文化手段扩张其权力创造了机会。在摩根索看来，中国、苏联和美国很好地利用了这一机遇，用经济和文化的手段在新兴国家中大大扩张了自身的权力。

从定义、三种诱因、三个目标以及三种手段等方面对帝国主义作了全面论述之后，摩根索提出了一个问题：怎样察觉和对抗帝国主义政策呢？这个问题涉及他国推行的外交政策的性质，以及本国针对该项外交政策所应采取的对策。他国的外交政策到底是否为帝国主义性质？这个问题的答案直接决定着本国将要采取什么外交政策。因此，错误的答案意味着本国下一步采取的应对政策也是错误的，而这往往是致命的。比如，将他国维持现状的政策误认为是推行帝国主义的政策，因而采取一种针对帝国主义的措施，这通常会犯下致命的错误。欧洲列强在第一次世界大战爆发前就曾犯过这样的错误。还比如，将他国推行帝国主义的政策误认为是维持现状的政策，因而采取一种应对现状政策的措施，这也会导致毁灭性的后果。20 世纪30 年代末，针对德国的帝国主义政策，英、法采取的一种维持现状的绥靖政策就曾产生过灾难性的影响。就此，摩根索总结道："正如帝国主义政策和现状政策在性质上根本不同一样，用来对付它们的政策也是根本不同的。"一项适于对付现状政策的政策不足以对付帝国主义政策，反之亦然。他进一步指出："一项寻求在现有全部权力分配内部进行调整的现状政策，可以用一种互让政策、平衡政策、妥协政策来对付……而对于寻求推翻现有权力分配的帝国主义（政策），则必须至少以遏制政策来对付。"

摩根索强调，在辨别一国的外交政策是否为帝国主义性质的过程中，会遇到五个方面的困难，而这些困难又往往都是难以克服的。

第一个并且是最根本的困难是，如何识别哪种条件下的征服才是真正的具有帝国主义性质的。因为就像布哈林所说的："帝国主义是一种征服政策，但不是每一种征服政策都是帝国主义。"申言之，在既存现状的范围内活动的征服政策有别于意在推翻权力现状的征服政策。但是，正如摩根索所说的，要在具体情况下作出这种区分是极其困难的。他又一次列举了希特勒的例子。从1935年起，希特勒提出了一系列的外交要求，这些要求看起来与现状政策是完全吻合的，然而其中的"每一个要求又可能是通向帝国主义之路的踏脚石"。这些外交政策在性质上是模糊不清的，要想准确地辨别它们是相当困难的。

第二个困难是，外交政策在性质上的模糊不清、难以辨别，又可能因为这样一个事实而加剧：起初寻求在既存现状范围内进行调整的现状政策，可能在其成功的进程中或在其受挫的进程中改变了自己的政策性质，转变为旨在推翻权力现状的帝国主义政策。具言之，如果一国轻而易举地实现自己在权力现状范围内进行调整的目标，这就会使其产生一种想法：与自己正在打交道的对手是好欺负的。如此一来，该国的胃口就会变得越来越大，最终把自己原先的现状政策变为帝国主义政策。如果一国在权力现状范围寻求调整的尝试失败了，这也会让其产生一种想法：既然现状政策不足以确保它得到想要的东西，它就有必要改变现有的权力关系，即推行一种帝国主义政策。

第三个困难是，如果一项外交政策主要依赖以经济控制或文化渗透为手段，那么我们就很难明确看清该政策的性质了。通常来说，一项政策要是以军事征服或领土占有为手段，那么我们就可以很容易判断出该项政策的性质，因为军事征服的手段本身已经显示出帝国主义的本性了。但是，以经济控制或文化渗透为手段的政策，其性质就很难把握了。在当今世界，经济和文化的手段被无数的国家广泛地实践着。要分辨哪些经济或文化政策是旨在推行权力扩张的，因而具有帝国主义的性质，而哪些经济或文化政策背后并没有暗藏任何的权力扩张目标，因而算不上是帝国主义性质的，在摩根索看来，这的确是件困难的工作。比如，瑞士作为一直以来的中立国，在国际舞台上向来奉行着积极的经济外交政策，但很难说这种政策带有帝国主义的色彩。又比如，过去英国对许多国家采取的经济外交政策就往往带有帝国主义的特征，而如今它的经济政策基本上不再带有帝国主义的色彩了，更多的是从一种纯经济的视角来为英国本土居民谋取经济福利。只是在涉及某些像埃及和伊朗这样的战略要地时，英国的经济政策也许具有帝国主义的性质。再比如，法国的文化渗透在一些国家和一些时候可能仅仅出于文化上的考虑，但在另一些国家和另一些时候却可能是以帝国主义为目标的。摩根索认为，经济政策或文化政策的性质不仅像上面所讲的那样是不易分辨的，而且它有时还会随着政治形势的变化而变化，这就使情况更加复杂了。比如，两国之间本来单纯的文化或经济来往，会随着形势的变化而演化成权力斗争的强有力工具；但当情况再度发生变化时，不再单纯的文化或经济来往可能会丧失掉自身带有的帝国主义特征，而重新变得单纯起来。

第四个困难是，假设前三个困难都已解决，也就是说我们可以正确辨认出一项帝国主义政策，但是我们还是要解决如何识别帝国主义类别的问题，即判断一国的帝国主义政策是区域性的，还是大陆性的，抑或是全球性的。不仅如此，更加困难的是这三种类别的帝国主义政策随着形势的改变还时常相互转换。比如，成功的区域性帝国主义可能会从其成功中受到鼓舞，从而变本加厉地扩张直至变成大陆性的或全球性的帝国主义。还有一种情况，一国为了稳定和保障已经获得区域的优势，可能会在更大的范围内寻求权力优势并希望成为一个世界性的帝国，因为只有这样，它才能感到充分的安全。此外，帝国主义本身就含有一种能动的力量，在这种力量的驱使下，一个帝国可能会从一个有限的区域走向一个大陆，再从一个大陆走向全球，摩根索认为亚历山大统治下的马其顿帝国和拿破仑统治下的法兰西帝国都属此类。当然，从另一方面讲，一项以世界性帝国主义为目标的政策，在遭遇挫折后，很可能把其目标改为大陆性帝国主义或者是区域性帝国主义，甚至在最坏的情况下，该政策会完全丧失掉它原有的帝国主义倾向，彻底转变成一项维持现状的政策，摩根索认为十七十八世纪的瑞典帝国主义就属此类。综上，我们可以发现要准确辨别帝国主义的类型不是那么容易的。在摩根索看来，如若不能辨别帝国主义的类型，就无法对症下药制定出适合的应对政策。他指出，在国际舞台上，许多外交家习惯把一国曾经实行过的一种类型的帝国主义政策看成是永恒不变的，于是，这些外交家依此制定出的应对性的外交政策也是千篇一律的，甚至在该国帝国主义政策的类型发生变化时，他们依然还在奉行原先的应对政策，不愿意作出任何的改变和修正。摩根索认为，针对世界性帝国主义的应对政策与针对大陆性帝国主义或区域性帝国主义的应对措施是不同的，它们之间不能张冠李戴，否则就会导致外交上的失误，甚至会产生灾难性的后果。

第五个困难是，帝国主义政策像其他外交政策一样喜欢用意识形态的外衣来掩饰自己，这就给识别它的真正本质带来了一定的困难。摩根索指出，在国际政治的舞台上，政客和外交家们很少会坦白地说明自己正在推行的外交政策的性质是什么，根本目的何在。如果他们正在推行的是一项比较敏感的帝国主义政策，他们就更不会暴露出其真正面目，而是千方百计地使其隐藏在意识形态伪装的面纱之后。

威望政策

威望政策作为一项外交政策，它的功能是旨在显示本国权力，使他国对本国的权力产生深刻的印象，这种权力可以是本国实际拥有的权力，或者是本国自认为拥有的权力，抑或是他国相信本国拥有的权力。根据威望政策的定义，摩根索把它视为除现状政策和帝国主义政策之外一国在国际政治舞台上寻求权力的第三种方式。但在现代政治学文献中，却很少有人把威望政策看作寻求权力斗争的方式之一。摩根索认为，造成这种情况有三种原因。其一，因为威望政策是无形而又微妙的，没有现状政策和帝国主义政策来得真实、具体，所以它经常遭到忽视。其二，因为威望政策经常使用的工具之一是贵族式的外交礼仪，而这种礼仪与民主的现代生活方式是格格不入的。并且有些人还把建立在这种礼仪基础上的威望政策看作"一种不合时宜的游戏，既无聊滑稽，又缺少与国际政治实务之间的任何有机联系"。其三，因为在多数情况下，威望政策是现状政策和帝国主义政策试图实现其目的时所使用的一个工具，也就是说威望政策通常是从属于另外两种政策的，这样就很容易得出这样一个结论：威望政策是不重要的，不值得进行系统的讨论。尽管上述三点原因看似都颇有道理，但摩根索依然认为威望政策是"国际关系中的一个固有因素"。摩根索的理由是：既然追求威望在人与人之间的交往中是司空见惯的，那么它普遍存在于国与国之间的来往中又有什么值得奇怪的呢？个人在社会上习惯追求威望，设法获得他人的认可和赞许，从而在其心目中留下好的印象。个人只有拥有良好的声誉，他才能取得他认为自己应得的那份安全、财富或者权力。比如，一个人给别人留下软弱的印象，那么他在权力斗争中会经常处于下风。相反，如果他给人以强者的印象，他就可能在权力斗争中占得优势。于是，摩根索得出这样的结论：在为生存或权力而进行的斗争中，别人对我们的看法（亦即我们在他人心目中的形象）与我们的实际情况是同等重要的。因为在现实生活中，决定我们是什么的，往往不是我们本来的面目（即实际情况），而是我们在他人心目中的形象（即我们的威望），尽管这种形象可能与我们的本来面目并不吻合。人际交往中的上述逻辑在国与国之间同样是成立的。

威望政策的实施有两种具体方法：外交礼仪和炫耀武力。换言之，威望政策是通过外交礼仪和炫耀武力来实现彰显自己权力的目标的。在《国家间政治》一书中，摩根索通过大量的事例来展现外交礼仪是如何显示权力的。1804年，拿破仑即将被教皇加冕称帝时，他为了显示自己相对于教皇的权力优势，便在一系列的礼节上做足了工夫，比如没有让教皇为其戴上皇冠，而是选择自己亲手戴上。1813年，拿破仑在与奥地利首相梅特涅会面时，为了显示自己的权力，他扔掉了自己的帽子并期待着梅特涅能为其捡起来，但梅特涅却视而不见。因为这次会面是发生在拿破仑征俄失败后，拿破仑的权力地位有明显的下降趋势，他不再是当年那个人人敬畏的欧洲统治者了，别人自然也不会像从前一样向他致以最高礼仪了。外交礼仪显示国家权力这一论点在外交官身上体现得也很明显。外交官通常代表的是自己的国家，因此对他们施以礼仪上的尊重实际上是向他们所代表的国家表示尊重。同理，对他们施以礼仪上的侮辱实际上也是在侮辱他们身后的国家。摩根索指出，这方面的事例在国际外交史上比比皆是。例如，1689年，路易十四用较平常高出一个规格的外交礼仪接待了威尼斯共和国的大使，为此，威尼斯共和国还特意向路易十四发了一封感谢信，感激其给予他们国家这么高的礼仪待遇。1946年，二战胜利的庆祝大会在巴黎召开，在这次大会上，当苏联外长发现他被安排坐在第二排，而英、法、美等大国代表却坐在第一排时，他愤然离去，以示抗议。此外，还有一个例子非常能反映外交礼仪对维护国家威望、显示国家权力的重要性。在1945年的波茨坦会议上，丘吉尔、斯大林和杜鲁门没能就谁先进入会议室达成协议，最后他们同时从三个不同的门走入会场。这三位政治领袖象征着他们各自国家的权力，因此，其中之一若取得优先进入会场的权利，这便会赋予他的国家优先于另外两国的威望，而这是其他两个国家不愿意看到的。其实，国际会议的选址也是一种广义上的外交礼仪的体现，它自然也成了各国竞逐威望、显示权力的地方。由于国家间的对立竞争，会址通常只能选在一个不参与威望竞争的国家里。荷兰的海牙和瑞士的日内瓦往往成为各国最喜爱的国际会议的会址，自然也不足为怪了。还有一种情况是，当一个国际会议由一方喜爱的会址迁移到另一方喜爱的会址来召开时，这通常昭示着权力优势的转移。比如，在19世纪的大部分时间里，欧洲的多数国际会议是在法国召开的，但在德国战胜法国后的1878年举行的一次国际会议却是选择在德国的首都柏林召开。这种选址上的微妙变化向全世界显示了德国作为欧洲大陆举足轻重的强国所具有的威望。

除了外交礼仪之外，炫耀武力也是一种推行威望政策、显示权力的基本方法。因为武力向来是衡量一国权力力量的重要尺度之一，所以炫耀武力显然会让他国对该国的权力产生深刻的印象。炫耀武力的方式有多种：方式之一是邀请外国军事代表或观察家观摩本国的军事演习，比如1946年美国曾邀请外国观察家观摩美国的两次原子弹试验。方式之二是组建舰艇编队出国访问或在各大洋游弋，比如1891年法国舰队对俄国的访问。还比如，在殖民时代，每当一个海上强国的权利受到当地人或与其竞争的列强的挑战，它就会将其舰队派往那一地区，以显示本国的强权。这不禁让人想起，半殖民地半封建时期的中国各港口不时会出现英、美等列强的战舰。方式之三是局部或全面动员，比如当俄国1914年7月开始动员其陆军后，奥地利、德国和法国也随后开始动员它们的军队。动员在今天也许过时了，但在过去，它一直是炫耀武力的一个有力工具。其实，动员就是向盟友和敌人显示自己的军事实力和使用这种实力支持自己的政治目标的决心。

一般而言，威望政策有两个目标：一是为威望而谋求威望；二是为支持现状政策或帝国主义政策而谋求威望。在摩根索看来，后一个目标才是威望政策的首要目标。因为在国际政治中，很少会有国家在推行威望政策时，仅仅是为了追求意义不大的威望之名，相反，多数国家推行威望政策主要是想借谋求威望、显示权力等手段来达到自己维持或改变权力现状的目的。摩根索指出："只有那些有勇无谋的狂妄自大之徒才偏执于为威望而谋求威望"的目标。在现代史上，德国的威廉二世和意大利的墨索里尼就是两个很好的例子。他们二人都曾把国际政治看成是个人威望竞技的舞台，习惯用抬高本国、贬低他国等手段来满足个人威望的虚荣。而成功的威望政策往往把自己的目标定位在：支持本国正在或将要推行的现状政策或帝国主义政策。譬如，美国只要一直能在美洲国家中保持威望，也就是说使这些国家对美国的权力形成极深刻的印象，那么它们就会相信美国在美洲的权力现状是不容挑战的。换言之，美国成功的威望政策有力地支持了它的维持现状的政策。再比如，纳粹德国的帝国主义政策在 20 世纪 30 年代后期取得的巨大成功，与其成功的威望政策是分不开的。纳粹德国经常使用一些诸如给外国观众播放"闪电战"的纪录片的手段，使自己在他们当中获得崇高的威望，换句话说就是使他们对自己的权力产生敬畏，从而保证了德国的帝国主义政策在这些国家的成功。因此，摩根索总结到，不管一项外交政策是属于哪种类型，是现状政策也好，是帝国主义政策也罢，该国的威望或曰权力声誉往往是决定这项外交政策成败的重要的、有时是决定性的因素。换言之，"威望政策是理性的外交政策不可或缺的一个要素"。

摩根索还谈到了威望政策的三种误用。第一种误用是，将一国的威望看成是由某个特定历史时刻所采取的特定行动的成败来决定的。摩根索纠正到，一国的威望实际上是"一个国家的品质和行动、功业和败绩、历史遗产和愿望的综合反映"。如果这种综合反映出的威望一直以来都很高，那么它就不会因为一两次特定行动的成败而受太大的影响。比如，法国在印度支那和阿尔及利亚战争中的不成功，并没有使其威望一落千丈，相反它在处理这两次事件过程中表现出的智慧和勇气，却使其威望升到了自第二次世界大战开始以来它从未达到过的高度。另外，美国的威望在 1962 年入侵古巴溃败后也没有受到明显的影响。第二种误用是，企图获得超出自己真实实力的权力声誉，这样就把威望政策变成了恫吓政策。比如，墨索里尼执政时的意大利，虽然真实实力一般，但却极力使他国相信自己已是世界一流军事强国。这是一种典型的恫吓政策，在这一政策指引下，意大利在西班牙内战期间竟然敢公开叫板当时仍是世界头号海上强国的大英帝国。摩根索分析道："只要没有哪个国家敢于对意大利的权力假象作一下实际检验，意大利就会在推行这种政策中取得成功。"但一旦这种检验出现了，那么"由大量宣传手法蓄意制造出来的意大利的权力声誉与其实际权力之间的巨大差距，立刻就会显露出来"。有了摩根索这一精辟分析，我们现在就知道了为什么意大利在二战后期会表现得那么不堪一击。第三种误用是，满足低于自己真实实力的权力声誉。摩根索认为这是一种"消极威望政策"，它的典型代表就是美国在二战初期所奉行的政策。在二战爆发时，美国的真实实力足以使其跻身于世界顶级强国行列，但是美国当时的威望或权力声誉却是相当低的，以至于希特勒曾狂语："美国人不是战士，这个所谓的新世界之低劣和堕落，充分表现在其军事的无能上。"美国的威望如此之低，以至于德、日、意三国非但不设法使美国置身战争之外，反而近乎渴望将其拉入战争中。于是，出现了 1941 年 12 月的日本偷袭珍珠港事件，美国被迫卷入二战的漩涡中。摩根索指出，美国之所以遭受如此巨大蔑视，就是因为他没有执行一个成功的威望政策使自己获得与真实实力相当的权力声誉。

第 5 章

国家权力的要素及评估

如果想要确定一国权力的大小，首先要知道国家权力是由哪些因素组成的。在摩根索看来，组成国家权力的要素主要有两类：相对稳定的要素和不断变化的要素。

地理

摩根索认为，地理是组成国家权力的最稳定要素。譬如，美国独特的地理位置作为一个长久不变的因素，确定了美国在世界上的权力位置。试想，如果美国不是因广阔的水域与欧、亚两洲相隔开来，而是直接与诸如法国、俄国或中国这样的国家接壤，那么这会对美国权力地位产生怎样的影响？尽管地理位置对国家权力的影响因为交通、通讯和战争技术的发展而有所减弱，但这依然无法改变美国独特的地理位置对其国家权力的重要意义。同理，英国因为英吉利海峡而与欧洲大陆隔离开来，这对英国的国家权力影响十分深远。曾经的征服者威廉二世、菲利普二世、拿破仑以及希特勒都不敢忽视英国的地理因素。阿尔卑斯山将意大利同欧洲的其余部分隔离开，这种地理情况使意大利进攻中欧极为困难，但外部势力从北部平原入侵意大利的困难则小得多。结果是，意大利在历史上遭受入侵的次数比它对外侵略的次数要多得多。西班牙也是因为比利牛斯山脉而与欧洲的其他部分相隔开来，这种地理情况使西班牙长期远离欧洲的主流，但也让西班牙避免了欧洲大部分的战祸。摩根索最后还考察了苏联的地理情况。苏联的广阔地域占了地球整个陆地面积的七分之一以上，是美国领土面积的两倍半。广阔的领土是一种宝贵的战略资源，它在历史上一次次地挫败了外界军事征服俄国的企图。曾经在欧洲战场上所向披靡、不可一世的拿破仑和希特勒都在苏联这块土地上栽了大跟头。一般而言，如果一国丧失了相当部分的领土并且没有尽快收复的希望，那么它和它的国民进行抵抗的意志通常会瞬间丧失掉。但这种情况在俄国并没有发生，尽管希特勒曾一度占领了大片的苏联领土。因为苏联具有的广阔疆域使德国侵略者侵占的领土与未被侵占的领土比起来是微不足道的。而且随着侵略者占领的领土越来越多，他就不得不维持一个越来越大的部队来管制这些地方，于是，对苏联领土的占领就会成为侵略者的包袱而不是资产。"不是征服者在吞并领土并从中获取力量，而是领土在吞噬着征服者，削弱他的力量"，摩根索如是说。如上所述，地理因素给苏联的权力地位带来了诸多的积极影响，但在摩根索看来，有些地理因素对苏联的国家权力也产生了不利影响。比如，苏联与其西部邻国之间没有任何高山或者大河相隔，这就意味着苏联的西部边境不存在抵御侵略的自然屏障，因而从 14 世纪到现在，苏联的西部经常成为本国与外国权力斗争的战场。并且，没有自然屏障也意味着缺乏自然边界（意大利和西班牙就存在由地理因素决定的自然边界），而这恰恰是苏俄和西方冲突的永久根源。

此外，摩根索还补充说明：核战争的可能性增强了作为国家权力因素之一的地理（领土）的重要性。核破坏面积之大要求受攻击一方必须拥有足够的领土来转移和分散其工业、人口以及核装置，否则无法有效地抵御核打击。英、法虽然也拥有核武器，但是囿于自身领土的有限，它们没有抵御核打击的能力，这也使它们进行可信的核威胁的能力大打折扣。而在摩根索看来，只有美国、苏联和中国才能充当核大国的角色。

自然资源

摩根索认为，自然资源是组成国家权力的另一个相对稳定的因素。这里所说的自然资源主要指的是粮食和原材料。

粮食被摩根索视为所有自然资源中最基本的资源。一个在粮食上无法自给自足而必须依赖进口的国家，相对于一个在粮食上能够自给自足的国家来说具有很大的权力劣势。比如，英国的粮食资源向来不足，主要依赖海运进口他国粮食来解决这一难题。粮食资源的劣势放在平时，可能对英国的国家权力影响并不明显。可是一旦遇到战事，英国进口粮食的能力受到限制，那么它的粮食短缺对其国家权力的影响就会被无限放大。在两次世界大战中，英国赖以生存的海上供给受限于德国不断发起的潜艇战和空袭，英国国内的粮食严重短缺，国家生存陷于危难之中。德国相对于英国来说，其粮食资源情况要好上许多，但这还不足以支撑它赢得一场世界大战。在两次世界大战中，德国国内粮食也是短缺的，必须依赖进口，而对手的封锁严重干扰了德国的粮食进口，使德国人慢慢陷入贫困，从而消磨了他们战斗的意志，在摩根索看来，这也是德国最终战败的原因之一。自产粮食的匮乏是英、德两国虚弱的永久根源，两国必须设法解决这一问题，否则就会面临着丧失大国地位的危险。还有一个典型例子是印度。在所谓的绿色革命之前，印度的粮食一直以来都非常匮乏。解决人民的温饱问题成为印度政府主要关心的事情之一，它严重干扰印度外交政策的制定和执行。摩根索认为，粮食的匮乏迫使印度从软弱地位而不是从实力地位出发去实行外交政策。印度的这一情况同样也存在于第三世界国家中。摩根索将第三世界国家比喻为"残疾国家"，它们只能寄希望于国际援助来帮助其度过饥荒。相反，一个在粮食上能够自给自足的国家，如美国，就不需要在上述问题上劳神费心，这就使其外交目标和政策摆脱了粮食问题的干扰，变得更加有力和专一。通过上述一番对英、德、印、美四国粮食资源情况的剖析，摩根索得出这样一个结论："粮食的自给自足永远是巨大力量的源泉"。"相反，粮食的长期匮乏是在国际政治中永远软弱的根源"。

粮食资源作为自然资源的一种，虽然属于相对稳定的国家权力因素，但是既然是"相对稳定"，那么就意味着粮食资源的具体情况（匮乏或自给自足）在特殊条件下可能会发生改变。摩根索认为印度的例子就正好验证了这一点，印度在绿色革命前后的粮食资源情况反差非常之大。在摩根索看来，食品消费观念的变化、农业技术的发展等都会对一国的粮食资源状况产生影响。

原材料作为自然资源的另一种形式，其对于国家权力的重要性取决于某一特定历史时期的战争技术。比如，在大规模的机械化战争出现之前，战争的技术还很落后，主要停留在肉搏战的层面上，这时战士的个人素质远比用以制造武器的原材料来得重要。摩根索指出，在19世纪之前，原料在国家权力组成要素中的地位一直以来都处于次要的位置。但工业革命给战争技术带来了巨大的革新，大规模的机械化战争成为可能。自此，用于工业生产和武器制造的原料对国家权力的重要性越来越明显。冷战时期的美、苏两个超级大国与其他国家相比，不仅在现代工业生产所需的原料方面是最接近自给自足的，而且还具备取得自己没有的原料的能力。

　　不同类型的原料对国家权力影响的程度是不同的。在工业时代初期，煤、铁的重要性明显超过其他原料。英国在19世纪时的煤和铁资源充足，能够自给自足，这对其能成为世界强国具有重要的作用。但是随着工业的发展，煤的老大地位受到了石油的挑战，并逐步被其取代，而铁也与轻金属以及像塑料这样的替代物的竞争。摩根索还分析了一种特殊的原料——铀。在没有发现铀与原子能的关系之前，是否控制铀矿对于国家权力还是无关紧要的。但当人类发现铀可以释放出原子能并且还可以把这种能量用于战争时，铀在原料中的地位就此改变，它甚至能够决定各国的国家权力的排序。掌握了铀资源的美国、苏联等国家，其国家权力的地位相对上升了，而不享有或无法得到这种原料的国家，其权力地位就相对降低了。其实在所有的原料中，摩根索最感兴趣的还是石油，他曾在《国家间政治》中花了大量的笔墨来阐述石油是如何影响国家权力的。

　　摩根索认为，自第一次世界大战以来，石油作为一种原料对于工业和战争来说已经越来越重要了。石油已经引起了主要政治大国的相对权力地位的变化。苏联因为在石油方面可以自给自足，所以变得更为强大，而日本因为根本没有石油资源，因而变得相当虚弱。中东的战略地位之所以如此重要，除了地理上的原因之外，还因为那里藏有丰富的石油。控制中东对于权力的分配具有深远影响，因此，英国、美国，一度还有法国曾为控制中东而展开激烈争夺。石油甚至还可以单独改变国际政治的格局和走向，比如1973～1974年石油生产国的石油禁运政策以及随后导致的油价暴涨，对世界政治、经济产生的巨大影响，我们一定还记忆犹新。正是石油才使地球上那些除了拥有沙子和石油之外什么也没有的不起眼的小国一夜之间变为我们现在所称的重要国家，它们俨然已是国际政治格局中一支强有力的力量。换言之，在缺乏构成国家权力的所有传统因素的不利情况下，这些国家在国际政治中的相对权力地位却因为石油而提高了一大截。摩根索感叹道："这一事实确实对世界政治具有革命性的重要意义。"作为一个除了石油以外没有其他任何权力的产油国，却能够对除了缺乏石油资源外具备所有权力的国家行使巨大的甚至是决定性的权力。摩根索认为，只要这些产油国需要，它们就可以把任何条件强加于像美国、日本这样的石油消费国，就像它们在1973年所做的那样。像日本这样的石油完全依赖国外供应的国家，拒绝产油国开出的条件就意味着自杀。像英、德这样的石油主要依赖进口的国家，若是不同意产油国的条件，自然也会面临灾难。像美国这样的部分石油可以在国内获得的国家，拒绝产油国的条件也会遭遇到严重困难，就像它曾在1973年遭遇的困境一样。对于这些传统权力大国如此受制于仅凭石油便可以作威作福的产油国，摩根索表示出强烈的不满。他曾抨击产油国，说它们没有发挥诸如保护和促进其公民的生活水平、自由和幸福的积极作用，其拥有的权力"实质上是破坏性的"。为了减弱产油国石油大棒的威力，摩根索还为美国等石油消费国提供了一些建议，比如限制石油进口、节约国内的用油量、建立石油储备库以及发展替代性能源等等。

工业能力

　　工业能力是构成国家权力的另一个因素。在摩根索看来，一国的工业能力是通过工厂的质量、工厂的生产能力、工人的技术知识、工程师的技巧、科学家的发明、管理者的管理等因素综合反映出来的。换言之，一国的国家权力就是依赖于这些因素。

　　摩根索认为，在上文中所列举的铀的例子，不仅证明了原料的重要性，其实也反映出作为构成国家权力的因素之一的工业能力的重要性。比如，刚果虽然拥有丰富的优质铀矿，但是这并没有提高刚果的权力地位。其原因就在于刚果没有将铀矿用于工业或军事上的工业能力。相反，对于英、美这样的工业强国来说，拥有铀则标志着国家权力的巨大增长。因为这些国家拥有足够的工业能力将铀转化为能量，用于工业或军事。上文提及的煤、铁的例子也能说明工业能力的重要性。比如，美国和苏联不仅拥有世界上最多的煤、铁资源，而且还拥有能够把这两种原料转变为工业产品的工业能力，这是两国能最终成为世界一流强国的重要保证。而印度的情况则恰恰相反，它虽然拥有仅次于美国和苏联的煤、铁的储藏量，而且拥有丰富的生产钢材所必不可少的锰矿，但是这些富足的原料并没有让印度成为像美国和苏联那样的世界一流强国。原因很简单，就是印度长期缺乏与其丰富的原料相适应的工业能力。换言之，由于印度拥有几种丰富的关键原料，它也就拥有了形成国家权力的一个重要因素（原料），因此，它在一定程度上可以被认为是一个潜在的大国。可是，因为印度实际上缺少工业能力等其他国家权力因素，所以它就不会成为一个真正的强国。

工业能力，尤其是现代战争依赖的重工业能力，成为国家权力不可或缺的因素。现代战争的胜利依赖于重工业制造出的飞机、坦克、导弹等战争产品的数量和质量，而战争的成败又直接会影响国家间的相对权力地位，因此，摩根索说国家间的权力竞争在很大程度上转变为制造战争产品的重工业的竞争。

确实，工业能力上处于领先的工业国家必定能成为一个大国。国家间的权力等级必然会伴随着工业能力等级的每次变化而出现相应的变化。自工业革命以来，在很长的一段时期内，英国都是一个无与伦比的超级工业大国，与此相适应的是，英国在政治权力上也为自己赢得了"日不落帝国"的声誉。法国在 1870 年后的衰落，除了军事等方面的原因外，工业能力的下滑也是主要原因之一。德国取代法国成为欧洲大陆的新霸主，部分原因可以说是德国 1870 年前后在工业能力上的突飞猛进，尤其是在工业能力上取得相对于主要对手法国的优势。虽然苏联自成立以来一直是一个潜在的大国，但直到 20 世纪 30 年代，随着苏联进入工业强国之列，它才真正成为一个大国。而且，在摩根索看来，只是在 20 世纪 50 年代拥有了制造核武器的工业能力之后，苏联才成为能够与美国相抗衡的另一个超级大国。摩根索认为，中国国家权力的上升道路与苏联非常相似。

工业能力对于国家权力的重要性的急剧上升，造就了一个全新的名词"超级大国"。它意味着权力史无前例地集中在几个国家手中，它把这些国家不仅同小国区分开，而且同传统的大国也区分开。摩根索指出，超级大国之所以明显与其他国家区分开，除了是因为它们拥有超强的工业能力之外，还与它们垄断着制造核武器的技术和能力有关。

战备

　　前文提及的地理、自然资源和工业能力等因素，它们赋予一国的权力严格来说只是纸面上的，而只有战备才能让这些纸面上的东西具有实际的意义。摩根索指出，影响一国战备的主要因素有创新的战争技术、杰出的军事将领以及武装力量的数量和质量。

　　战争技术往往能决定一国的相对权力地位，甚至是一国的国家命运。十四十五世纪，欧洲在战争技术上取得创新和突破，步兵、火药、大炮开始出现在欧洲各国军队中，这大大改变了世界权力的分配格局。从 15 世纪到 19 世纪长达四个世纪的期间内，欧洲列强对世界其他地方的征服和掠夺就是建立在自身优越的战争技术之上的。摩根索认为，自 20 世纪以来，人类共经历了四次较大的战争技术革新，每次革新都能给予某一方以暂时的优势。第一次革新：一战时，德国首次使用潜艇攻击英国的船只。在英国找到对付潜艇战的方法之前，德国一直占有海上的优势。第二次革新：一战后期，英国在战场上首次人规模使用坦克，而这是协约国最终能够胜利的保证之一。第三次革新：二战时，德国和日本首次使用陆、海、空三军协同作战的战术，这是两国在战争初期占有绝对优势的重要原因。第四次革新：拥有核武器的国家相对于其他国家具有巨大的技术优势。

　　军事领导的才能一直对国家权力具有决定性的影响。18 世纪普鲁士的国家权力基本上是腓特烈大帝个人军事天才的反映。但是在 1806 年，拿破仑在耶拿战役中轻松击败了仍如腓特烈在世时一样精悍和强大的普鲁士军队，原因何在呢？摩根索是这样解释的：在德国一方，指挥部队的普鲁士军官们只知道照搬腓特烈大帝遗留下的战略战术，而普遍缺乏一种领导才能。而在法国一方，处在领导地位的是被誉为"军事天才"的拿破仑，他的军事领导才能是无与伦比的。两方面的因素共同决定了法国的胜利和德国的战败。在第二次世界大战初期，主角虽然还是德国和法国，但是战争结果却发生了改变——德国胜利、法国失败，原因就在于双方的领导才能发生了颠倒。当时的法国参谋部在领导才能上乏善可陈，他们根据一战中出现的壕沟战断定阵地战会主导今后的战场。因此，他们在这种阵地战的思维指导下，构建了号称铜墙铁壁的马其诺防线。但出乎意料的是，希特勒领导的德国军队没有使用传统的阵地来攻克马其诺防线，而是运用了全新的战法——"闪电战"和运动战，绕过了马其诺防线，取道比利时进攻法国。双方领导才能的差距在很大程度上决定了这次战争的胜负。

如果一国既掌握了创新的战争技术，又拥有军事才能十分杰出的将领，那么是不是就可以保证它在军事上的优势呢？其实不然。摩根索认为，如果没有相当数量和质量的武器力量予以配合，一国光靠技术和将领上的优势是很难保证最后的胜利的。

人口

人也是决定一国权力的重要因素之一。摩根索认为，对人的考察，可从两方面着手：数量和质量。从数量方面主要关注的是人口的规模，而从质量方面主要关注的是民族性格、国民士气、政府的素质以及外交的素质等。

　　人口规模既然能影响国家权力，那么是不是可以说一国人口越多则该国权力越大呢？摩根索指出，如果这种说法是成立的，那么拥有世界上最多人口的中国岂不是世界上最强大的国家了，而印度凭借着人口的规模也应该排在权力榜的第二位，因此这种说法显然是不成立的。一国如果人口过多，超过其资源的承受能力，那么过多的人口远远不是它的国家权力的资本，而是发展的障碍。对于这类人口过多的国家，实行人口控制政策成为保证国家权力的前提条件。但是摩根索同时又强调：一个国家没有众多的人口，它就不能成为一个一流大国。因为"没有众多的人口，就不可能建立和运转赢得现代战争胜利所必需的工人；就不可能在陆海空投入大量的作战部队；最后，也不可能充实部队的后勤"。摩根索曾把美国人口与澳大利亚、加拿大的人口作过对比分析。澳大利亚在略小于700多万平方千米的土地上有大约1500万人口，加拿大在接近900万平方千米的土地上有2450万人口，而国土面积介于澳大利亚和加拿大之间的美国却拥有2.34亿人口。摩根索认为，美国若只有相当于澳大利亚或加拿大的人口，那么它永远也不能成为世界上最强大的国家。摩根索虽然概括地指出了人口规模与国家权力的关系：一国没有充足人口就不能成为强国；一国人口过多会对国家权力产生不利影响。但是对于二者的关系，摩根索没有进一步给出更为具体和量化的答案，比如在国土面积和资源一定的情况下，一国拥有多大的人口规模才是最有益于国家权力的？

　　摩根索还指出，人口的变化趋势也会对国家的权力产生影响。他认为，在所有其他因素大致相同的条件下，与其竞争者相比，一国人口的急剧减少标志着国家权力的下降，反之亦然。比如，因为西欧的人口增长缓慢，远远比不上美国，所以美国的地位与西欧相比将继续显示出相对的优势。又比如，因为拉丁美洲的人口增长率比世界上任何主要地区都要高，所以美国的相对地位正在走向衰败。人口变化趋势对国家权力的发展的重要性是不言而喻的，因此，政治家们向来对本国人口变化趋势是强烈关注的。丘吉尔就曾说过："最令人焦虑的事情之一是出生率的持续下降，这一问题困扰着那些关心未来三十年、四十年或五十年局势的人……如果这个国家（指英国）想要保住它在世界上的领导地位，并想要作为一个能顶住外来压力的大国生存下来，那么，我们必须千方百计地鼓励我们的人民去拥有较大的家庭。"但要想准确地预测人口的变化趋势却是件十分困难的事情。摩根索强调，即使没有战争或自然灾害的干扰，也很难确切地预测出人口的变化趋势。在20世纪40年代，就曾有颇负声望的人口学专家对美国人口的变化趋势作过预测。但是预测的数字与实际美国人口的数字相差甚远。

另外，人口的年龄结构也是权力计算中的一个重要因素。摩根索认为："在所有其他条件相同的情况下，一个国家如果拥有较多对于军事和生产目的有潜在用处的人口（大体上是在20~40岁之间），那么，它相对于老年人占多数的国家就拥有了权力优势。"

民族性格

摩根索认为，民族性格对于一个国家在国际政治的天平上的重量有着持久的并且经常是决定性的影响。

在他看来，我们无需关注民族性格究竟是怎么形成的，我们只需承认它是客观存在的就可以了。所谓民族性格，就是一个（民族）国家显示出的某种文化的和性格的素质。这些素质一旦形成就不会轻易改变。民族性格仿佛就是一个民族国家的身份标志，它能将本国与其他国家区别开来。摩根索指出，像康德、黑格尔、笛卡儿、伏尔泰、洛克、伯克、威廉·詹姆斯、约翰·杜威这样的大家，他们都是各自国家思想界的代表人物，他们思想中折射出的那种独一无二的特点其实就反映和代表了他们身后的民族或国家的那种独特的性格。比如，笛卡儿思想中的机械理性特征，它不仅是笛卡儿个人的特点，它同时也普遍存在于法国大众中间。我们能在高乃依和拉辛的悲剧作品中寻找到它，能在雅各宾派的改革中发现它，也能在当代法国的大部门学术作品中看到它的影子，甚至还能在两次世界大战期间的法国治国艺术中找到它。再比如，洛克思想中的个人主义特征，它是英国民族性格中的个人主义的典型代表。个人主义普遍存在于英国的各个角落。我们在《大宪章》中可以发现个人主义，在英国的法律程序中可以找到个人主义，在英国的宗教发展历程中也能看到个人主义。最后再来看看杜威思想中的实用主义，它同托克维尔在《论美国的民主》中对美国务实的民族性格的描写是不是如出一辙呢？这一民族性格并不因为时隔一个多世纪而过时或者改变。

摩根索在《国家间政治》中还重点剖析了俄国人的民族性格。他把俄国人在 1859 年和 1947 年这两个时隔很远的年份里所表现出的民族性格作了详细对比，他惊奇地发现俄国的民族性格几乎没有随着时间的推移而发生任何改变，性格中一直保有那种"基本力量和坚韧性"，尽管在这期间的俄国还经历了十月革命，这次革命实际上打破了俄国在各个层次上的历史连续性。

摩根索认为，无论是上面讲到的俄国人的"基本力量和坚韧性"，还是美国人的个人主动性和创造性、英国人的不拘于教条的常识观念、德国人的纪律性和彻底性都是各自国家的民族性格中的一部分。这些性格特征在国家成员可能参加的所有个人或集体的行动中表现出来，也许它们能在这些行动中起到好的作用，但也可能会起到坏的作用。

综上所述，既然民族性格是客观存在的，它对国家成员的行为的影响又是确定无疑的，那么摩根索就此断定：民族性格肯定对国家权力是有影响的，尽管这种影响有时候是积极的，有时候又是消极的。比如，由于民族性格的区别，德国和俄国能够实行的政策，美国和英国就不能实行，反之亦然。美、英两国的民族性格决定了它们反对推行军国主义和维持常备军等行为。但是，军国主义制度和活动在普鲁士以及后来统一后的德国一直以来都受到高度重视和推崇；维持庞大的永久的军事体系向来是俄国政府所热衷的和俄国人民所能接受的。摩根索认为，像德、俄这样的民族性格中拥有尚武特点的国家，能够在和平时期将它们国家资源的较大部分转变为战争工具，"能够在它们选择的时机计划、准备和进行战争。它们尤其能够在对自己最有利的任何时机发动一场先发制人的战争"。而民族性格中具有和平主义特点的美、英两国，只有在它们的国家明显地处于危机时刻，它们才会考虑把大量的人力和物力转为战争工具。"当它们参战时，它们很可能是因为敌人已发动了战争才不得不参战"。通过上述比较，摩根索得出了这样的结论：在权力斗争中，尚武的民族性格给德国和俄国带来了相对的优势。

摩根索指出，尽管民族性格是难以捉摸和模糊的，评估起来会有相当大的困难，但是要想准确评估一国的国家权力，就必须考虑到民族性格这一因素。做不到这一点就会出现判断上和政策上的失误。这样的失误在历史上比比皆是，比如因为没有考虑到德国人的那些思想和性格上的素质——纪律性和彻底性，所以国际联盟忽视了第一次世界大战后德国的复原能力；因为没有考虑到俄国人性格上的"基本力量和坚韧性"，所以国际社会低估了 1941～1942 年俄国的支撑能力；而曾在 1940 年否认英国还有生存机会的悲观主义者，同样是由于忽视或低估了英国人的民族性格；德国在两次世界大战中曾先后两次把美国参战的意义都估计为"零"，因为德国领导人只注意到美国当时表面上的军事力量和美国人性格中的反军国主义等因素，而忽视了美国人性格品质中的其他特点：个人主动性、创造的天才和技术能力等。

国民士气

摩根索认为，在影响国家权力的所有因素中，国民士气算是最不稳定和难以捉摸的。所谓国民士气，是指"一个民族在和平或战争时期决意支持其政府的外交政策的程度"。无论是民主的政府还是独裁的政府，如果它得不到国民士气的支持，它的外交政策就难以有效地实行。摩根索分析了国民士气对于国家权力之所以如此重要的原因：第一，因为国民士气必然会对军事力量产生影响；第二，因为国民士气会影响政府推行其外交政策的决心。在摩根索看来，一国的国民士气存在与否在该国处于危难之际更容易反映出来。

摩根索指出，一国的国民士气具有不稳定性。纳粹德国的侵略让英国的生存面临危险，这激发了英国人的国民士气，最终他们顶住了德国人的"闪电战"和V式飞弹。但是我们无法预测，英国人如果重新经历一次世界大战会表现出怎样的国民士气？在核武器下，英国人的国民士气又将如何？对于其他所有的国家，我们都可以提出类似的问题。但是我们很难能给这些问题找到明确的答案。

摩根索认为，任何民族的国民士气很显然在某一点上都会出现崩溃的现象。不同的民族在面对不同的环境时，其崩溃点是不同的。比如，1917年香槟省涅瓦河攻势造成大量的徒劳无益的损失，这把法国的国民士气带到了崩溃的边缘；1917年卡波里托大溃败瓦解了意大利的国民士气；1917年俄国的国民士气在巨大的战争损失和沙皇独裁政策管理不当的综合作用下接近崩溃。在上述列举的几个事例中，国民士气都是突然崩溃的。但摩根索指出，也有一些国家的国民士气是逐渐衰落的，甚至在同时遭遇政府的不善管理、损失严重、被侵略以及胜利无望等不利情况下，它也不会一下子突然崩溃。德国在第二次世界大战后期的国民士气就属于此类。当时德国的境况是极其糟糕的，并且一些德军高级官员已经放弃了必败无疑的事业了，但是德国人的国民士气没有就此突然崩溃，人民大众直到希特勒自杀后才停止战斗。但吊诡的是，德国在第一次世界大战后期的国民士气却并没有按照上述套路来走。德国在1918年11月面对的局势与第二次世界大战后期相比算不上十分严峻，但德国的国民士气偏偏在这时突然崩溃了。德国在两次战争中表现出的国民士气反差非常大，也再次说明了国民士气所具有的不稳定性。

外交的素质

在前文，我们已经陆续介绍了几种影响国家权力的因素，但在摩根索眼里，这些因素都不是最重要的，只有外交的素质才能称得上是影响国家权力的最重要因素，尽管它是一个极不稳定的因素。他曾把影响国家权力的其他因素看成是制造国家权力的不同种类的原料，而把外交的素质视为国家权力的中流砥柱。具言之，外交素质的作用表现在：它将这些不同的原料整合在一起，并给予它们方向和力量，使它们各自的潜力能够发挥出来。摩根索认为，高素质的外交能够把外交政策的手段、目的与国家权力的现有资源协调配合起来。它能够挖掘国家权力的潜在资源，并将它们完全地和安全地转化为现实力量。它通过指明国家奋斗的方向，反过来又能够增强诸如工业能力、战备、民族性格和国民士气等其他权力要素的单独力量。

摩根索进一步指出，外交好似国家权力的头脑。如果这个大脑出现视线模糊、判断不准确、决心不足等问题，那么从长远看，该国在地理位置、自然资源、工业能力、战备、人口、民族性格和国民士气等因素上的优势都将发挥不出来，换言之，就是不能有益于国家权力的提高。从短期看，一国可能在没有高素质的外交的情况下，单靠它在其他权力因素上的优势，可能获得暂时的成功。但从长远看，没有高素质的外交的国家最终将会把自己在其他权力因素上的原有优势挥霍殆尽。摩根索曾将这类国家比喻为没有头脑和灵魂的巨人歌利亚，而把拥有高素质外交的国家形容为聪明的大卫，大卫最终战胜并杀死了歌利亚。也就是说，不管表面上看起来是何等强大的国家，如果没有外交头脑，它都难逃在同那些拥有高素质外交的国家的权力斗争中败下阵来的悲惨命运，后者可以用自己出色的外交弥补它在其他权力因素上的不足。摩根索认为，这类事例在人类历史上是屡见不鲜的。

在两次世界大战期间，美国虽然是个强国，但是在国际事务中只起了很小的作用，原因就在于美国当时的外交没有很好地将自己全部的潜在力量运用去影响国际事务。当时的外交让美国在地理、自然资源、工业能力、人口、国民士气等权力因素上本来拥有的优势没有充分发挥出来。随着第二次世界大战的结束，美国的外交发生了根本性的转变，美国原有的潜在力量资源能够在外交的整合下转化为现实力量，美国也就此成为一个名副其实的超一流强国。1890~1914年间的法国尽管在其他权力因素方面表现平平，但却凭借其卓越的外交能力登上权力高峰。法国在1870年被德国打败后，从此一蹶不振，逐渐沦为欧洲的二流国家，再加上俾斯麦在欧洲极力推行孤立法国的政策，使得法国当时的处境变得更加艰难。但在1890年俾斯麦被免职后，德国的外交政策发生了改变，德国开始疏远俄国，同时依然保持着对英国的怀疑。法国这时抓住了德国外交上的失误，迅速与俄国结成军事同盟，与英国达成非正式的合作协议。此时，法国与德国的国家权力对比悄然发生了改变。在摩根索看来，之所以能出现这种改变主要归功于一大批杰出的法国外交家。在两次世界大战期间，罗马尼亚在国际事务中所起的作用远远超过它的实际资源所允许的作用，主要就是因为它有一个能干的外交部部长蒂图列斯库。小国比利时在19世纪施展出很大的权力，主要也是由于它有两位精明而又活跃的国王利奥波德一世和利奥波德二世。诸如此类的例子，摩根索在

《国家间政治》一书中列举了很多，但限于篇幅，不再一一列举。

综上所述，我们知道外交的素质对国家权力的影响是巨大的，因此，持续不断地保持外交的高素质对于一个国家具有极为重要的意义。在摩根索看来，要想做到保持外交的持续高素质，最好的方法是依赖传统和体制，而不是依赖历史中暂时出现的杰出人物。从亨利八世至第一次世界大战期间，英国之所以能长期保持连续的高素质外交就主要归功于传统。英国统治阶级的传统和近代职业外交家的传统，使得在位执政的国王和大臣不管有什么样的怪念头和缺点，都不大可能使英国的外交出现大的波动。当然，英国外交史上也出现过几次有悖于传统的愚蠢外交，比如斯坦利·鲍德温和内维尔·张伯伦的外交。他们二人让英国的外交水平降到了几个世纪以来的最低点。外交水平的倒退也直接导致当时英国国家权力地位的相应下降。摩根索认为，英国的传统之所以没能约束住鲍德温和张伯伦的外交，主要是因为这两个人出身于商人家庭，进入英国统治阶级的贵族圈子还不久，还没有掌握按照英国的传统来进行外交的能力。在温斯顿·丘吉尔担任英国首相后，英国的外交素质开始逐渐从低谷中走出来。在摩根索看来，丘吉尔与生俱来的英国贵族血统使其深谙英国的贵族传统，基于此，他把英国的外交再次转入依赖于传统的正常轨道上。与英国外交形成鲜明对比的是德国外交，它一贯是低素质的，虽偶有出彩的地方，但全依仗于俾斯麦和希特勒这两个恶魔般的天才。凭借着俾斯麦的天才外交，德国曾在一段时间内占据着欧洲权力的巅峰。但随着他在1890年从政坛隐退后，德国的外交素质开始大幅下降，其国际地位也随之下滑。德国外交在1933～1944年间又获得了巨大成功，主要是因为希特勒拥有一个天才般的大脑，但当这个大脑开始退化时，德国外交逐渐陷入困境，纳粹政权日渐衰败并最终分崩离析。在摩根索看来，给德国带来辉煌成功的是希特勒，给德国以至整个世界带来巨大灾难的也是希特勒。因此，摩根索认为，像德国这样把外交的水平全系于一两个天才身上的做法是病态的和冒险的，而像英国这样的"健康的政治体系依赖于这些传统和制度来努力保持外交素质的连续性，由此虽然阻碍天才获取辉煌的成功，却能防止狂人带来灾难性的错误"。

摩根索最后还指出，美国的外交水平介于英国外交的高素质和德国外交的低素质之间。他认为，由于美国在物质和人力资源上的不可动摇的优势，所以它的外交不管质量如何，总能够获得一定程度的成功。他曾说，美国的外交受惠于美国丰富的物质资源，这些资源即使是在无能的当政者手上也是很难浪费掉的。

政府的素质

政府的素质是构成国家权力的要素之一。摩根索指出，在没有良好的政府的前提下，即使有精心构想和巧妙执行的外交政策外加丰富的物质和人力资源，增进国家权力也将是无望的。在他看来，一个良好的政府需要做到以下三点：

第一，解决构成国家权力的资源与外交政策之间的平衡问题。所谓平衡，就是指政府必须根据现有的国家权力资源去制定相应的外交政策。如果一个政府眼光过于短浅，制定的外交政策完全局限于该国权力所能达到的范围内，这就会使该国丧失掉它在国际社会中应有的地位。摩根索认为，美国在两次世界大战期间就犯了这种错误。但是，物极必反，如果一个政府眼光过高，制定的外交政策超过了该国的权力范围，那就会导致该政策最终无法被成功执行。比如，波兰在两次世界大战之间试图以一个大国的角色来制定外交政策，结果是这种政策不仅没有被成功执行，而且还招致灾难。摩根索就此总结出一道法则："现有的国家权力（资源）决定了外交政策的限度。"这一法则只有一种情况不适用，那就是当国家的生存利益受到威胁的时候。在这种情况下，国家必须为了生存而制定政策，而不会顾及国家现有的权力资源。摩根索指出，英国在 1940～1941 年的秋季和冬季面临德国疯狂攻击的时候就是这样做的。

第二，解决资源之间的平衡问题。摩根索认为，一旦政府解决了构成国家权力的资源与外交政策之间的平衡问题，它接下来需要寻求构成国家权力的不同要素或资源之间的平衡。一个国家并不因为它拥有丰富的自然资源和众多的人口，或者建立了巨大的工业和军事力量就必然获得强大的国家权力。一个国家只有在它掌握了这些权力资源并且在它们之间加以平衡，它才能获得极大的权力。英国虽然缺乏国家权力的许多因素，如自然资源、人口和军队等，但这并没有影响它登上权力的顶峰。因为英国利用自己强大的海军进行海外扩张，保证了自己可以从海外获得源源不断的原材料和粮食，这就解决了英国自然资源不足的问题，从而做到了国家权力的各要素之间的平衡。相反，如果英国拥有众多的人口和庞大的军队，这不仅不会是资产，反而会是包袱。换言之，众多的人口和庞大的军队超过了英国的地理和自然资源等权力要素的承受能力，必然会破坏权力各要素之间的平衡。历史上因为破坏权力各要素之间的平衡而导致国力衰败的例子比比皆是。曾经的印度不能以现有的资源养活它的人口，那么，众多的人口不仅不是力量的源泉，反而是虚弱的根源。冷战时期的东欧各国政府，把过多的注意力放在建立一支庞大的军事力量上，以至现有的工业能力无法支撑起过大的军事力量，并且同时引发了通货膨胀、经济危机、国民士气低落等问题，从而给国家埋下了虚弱的种子。

第三，解决公众对于外交政策的支持的问题。现今政府，尤其是民主政府，在完成上述两种平衡任务后，还有一项任务要完成，在摩根索看来，这项任务也许是最难完成的。这项任务就是设法使本国的人民支持政府制定的外交政策，并且还要使他们支持为推行该项外交政策而制定的国内政策。摩根索认为，这项任务之所以困难，是因为一项成功的外交政策往往并不是国内民众乐于见到的那类政策。他曾说："成功地执行外交政策所需要的思考可能是与那种能打动群众及其代表的那种言行完全相反的。"制定外交政策的政治家必须从本国的国家利益出发冷静细致地思考问题，而普通的民众不会像政治家那么细致入微，他们更多的是从简单的道义或法律角度进行推理的。

因此，摩根索强调：得到公共舆论热烈拥护的外交政策不一定就是好的外交政策，相反，这种政策可能正是以牺牲好的外交政策原则去迎合公共舆论的无理偏好为代价的。在民主国家，执政党为了赢得连任的机会，往往会倾向于通过牺牲好的外交政策来迎合公共舆论的偏好，进而赢得他们手中的选票。为了不至于走向两个极端，摩根索建议政治家在尊重正确的外交政策的原则和迎合公共舆论之间走一条中间路线。美国总统吉米·卡特在处理五十二名人质被扣押在伊朗的问题上就曾犯了一味迎合国内舆论而放弃了正确的外交政策的错误。为了讨好民众，他从一开始就立誓不使用暴力，只对伊朗实行经济制裁，而这种做法注定是无效的。摩根索认为，卡特总统在处理这件事上让美国蒙受了不该有的耻辱。卡特总统和国内的公共舆论从道义上考虑，认为美国需要做的只是拯救生命，而却忘记了负责制定美国外交政策的领导人不仅有责任拯救生命，而且有责任维护国家的长远利益。摩根索假设，若是在美国历史上的其他大部分时间里，美国政府就会冒牺牲一些美国人的生命的危险，迅速采取行动解决这一问题。

摩根索认为，当政府需要在好的外交政策和公共舆论所要求的坏的外交政策之间作出选择时，要注意躲避两个陷阱。其一，不能为了神圣的民意的要求而牺牲好的外交政策，不能用国家的长远利益换取短暂的政治支持；其二，在可容忍的前提下，不能一味地为了捍卫正确的外交政策的每一细节而对公共舆论毫不妥协、寸土不让，不能为了顽固地实行这一政策而牺牲公共的支持。如果政府不能引导公共舆论支持自己的外交政策，那么该政策实行起来必然是步履维艰。在摩根索看来，为了成功地实行自己的外交政策，政府除了需要躲避上述两个陷阱外，还需满足以下三个基本条件。

首先，政府必须要承认好的外交政策和公共舆论的偏好之间的矛盾是客观存在和不可避免的。政府或许能够通过对国内反对派的让步而缓解这一个矛盾，但它永远也不能根除这种矛盾。其次，政府必须要认识到自己是领导者而不是公共舆论的奴隶，不能被一些煽动者所左右。再次，政府必须区分外交政策中什么是想要得到的东西和什么是必须得到的东西。在对公共舆论作出让步时，政府必须坚持外交政策的最低标准。

权力评估

在摩根索看来，全面了解国家权力的组成要素只是手段，正确评估这些要素、本国或他国的国家权力才是目的。但是，要想达到这一目的却是非常困难的。

之所以很难做到准确地评估一国的国家权力，原因是多方面的，比如：在国家权力的组成要素中，不断变化的那部分因素是很难被准确评估的；在评估国家权力的过程中，有时还需要把一国的某个权力要素与另一国的同一或其他权力要素作比较，这种比较要想做得客观、准确是非常困难的；在评估某些国家的国家权力时，还需考虑到这些国家相互之间在历史上曾经显示出的权力关系，如此等等。这么多的困难让正确评估国家权力似乎成了一种理想，永远不可能实现。摩根索指出，即使国家外交政策的负责人具有超人的智慧和可靠的判断力，并能够依赖最完整最可信的情报来源，他们依然不能做到准确地评估出一国的国家权力，因为一些未知因素是他们无法预知的。比如：像饥荒和流行病这样的自然灾害、像战争和革命这样的人为灾害、发明和发现、知识界和军政界领袖的出现和消失等等。实际上在摩根索看来，上述假设的完美的智力和最可信的情报来源在现实生活中压根儿就是不存在的。因此，摩根索断言：外交事务的决策者在评估国家现在和将来的国家权力时，不得不依赖一系列的直觉和预感。"有些直接和预感可被后来的事件证明是正确的，也有一些被证明是错误的"。换言之，国家在评估自己的权力和他国的权力的时候可能会犯许多错误。摩根索认为有三类错误经常出现。

第一类，犯了权力的绝对性错误。这类错误主要是无视权力的相对性，把某一特定国家的权力看成是绝对的权力，而没有把一国的权力与其他国家的权力联系起来。因为权力是一个相对的概念，也就是说权力具有相对性，当我们谈到国家权力，说一国十分强大而另一国十分虚弱的时候，我们总是暗含着比较。摩根索指出，当我们说美国是冷战时期世界上最强大的两个国家之一的时候，我们实际上说的是，如果将美国的国家权力与所有同一时期的其他国家的权力状况相比较，我们发现除了一个国家外，美国比其他所有国家都强大。一言以蔽之，国家权力是相对的，不是绝对的。但是在国际政治史上，无视国家权力相对性的错误却时有发生。在摩根索看来，对于法国在两次世界大战期间的权力的错误评估就是一个很好的例子。法国在1940年惨败之前一直被国际观察家们评估为是个军事强国，之所以得出这样的错误结论就是因为观察家们只对法国的国家权力做了纵向比较分析，而没有对其作横向比较分析。具言之，法国在1940年战败前显示出的国家权力与其在1919年处于欧洲大陆霸主地位时拥有的国家权力相比，不能说增强了许多，但至少可以说是相等的，因此，从这种纵向分析中，观察家们得出法国的国家权力依然很强大的结论。令摩根索遗憾的是，就连向来目光敏锐的丘吉尔"在比较20世纪30年代末和1919年的法国军队时，也于1937年宣称法国军队是国际和平的唯一保障"。概言之，丘吉尔等国际事务专家在这里犯下的错误，就是把法国权力绝对化了，只知从纵向比较法国当前和过去的国家权力状况，从而得出法国的绝对权力依然很强大的错误结论。他们如果能横向比较法国与同时期的其他国家尤其是德国的国家权力，也许就能发现法国的相对权力在二战前夕下降得很明显。就像摩根索所言的："尽管法国军事力量实质上仍像它在1919年那样好，德国武装力量现在（指二战前夕）却远远优于法国的。"其实，之所以说法国的国家权力在1919年时在欧洲大陆各国中是独占鳌头的，就是因为它与同期的其他各国包括战败的德国比较，它的国家权力相对来说是最强大的。可见，只有这种相对比较得出的关于国家权力的评估结论才是可靠的。

第二类，犯了权力的永久性错误。这类错误主要是想当然地认为过去表现出的某种特定权力状况或权力关系会永久保持下去，而忽视了构成国家权力的多数要素是动态变化的。摩根索指出，在国际政治的舞台上，这类错误是很常见的，比如：法国在一战后牢牢占据着欧洲大陆的霸主地位，这使得一些人认为法国会一直这么强大下去，甚至在 20 世纪 30 年代末，法国的权力地位出现明显下降的时候，他们依然相信法国是强大的。当法国在 1940 年惨败后，一些人又认为法国注定要永远地虚弱下去，可事实并非如此。人们对苏联的权力评估也曾犯过类似的错误。一战导致的巨大损耗以及十月革命带来的持续国内动荡让新生的苏联非常虚弱，于是，一些人就此认为苏联的虚弱必然会持续下去。甚至可以说，这种错误看法直接影响了英、法在二战前没有与苏联结成军事同盟。苏联在 1943 年斯大林格勒（伏尔加格勒）战役中表现出的惊人力量又让很多人相信苏联是永远无敌的，它将在欧洲占有永久的统治地位。可后来的事实是苏联解体了。诸如此类的例子还有很多，例如，当德国的权力在 1940~1941 年达到顶峰时，人们普遍认为德国对欧洲甚至世界的统治永远地建立起来了；当美国垄断原子弹时，多数人认为全球即将迎来"美国世纪"——建立在不可动摇的美国权力之上的世界统治；当几个世纪以来少数白人种族主宰着世界政治历史时，人们很难想象会出现白人种族的优越政治地位不复存在的情况，更难以想象会出现种族间的权力关系颠倒过来的情况。

第三类，犯了权力的单一性错误。这类错误主要是赋予国家权力构成要素中的某一个以决定性的重要意义，而忽视其他权力要素，换言之，没有把同一国家的一个权力要素与其他要素联系起来。摩根索指出，这类错误在现代经常以三种面目出现：地缘政治学、民族主义和军国主义。

他认为，地缘政治学根本上就是一种伪科学，它错误地将地理因素上升到绝对高度，认为地理决定国家的权力，因而也决定着国家的命运。地缘政治学这一概念首次出现在英国学者哈尔福德·麦金德爵士的《历史的地理枢纽》一文中。该文提出这样一个结论："谁统治着东欧，谁就掌握了心脏地带；谁统治着心脏地带，谁就掌握了世界岛；谁统治着世界岛，谁就掌握了世界。"在这一结论基础上，麦金德预言，俄国或是无论哪个控制了上述领土的国家，将会作为统治世界的强国而出现。豪斯霍费尔及其门徒曾到处兜售他们的地缘政治学理论，为纳粹政权服务。他们主张与苏联结盟或由德国征服东欧，以便使德国成为主宰地球的大国。他们还把地缘政治学的原理与人口压力的论点结合起来，提出德意志民族是"缺乏空间的民族"，而为了生存这个民族就必须占有"生存空间"，这个空间就是吸引着他们去征服的空旷的东欧平原。

摩根索指出，民族主义试图主要从民族性格的角度去解释国家权力，并在这一过程中蜕化为种族主义。所谓民族性格，是指民族成员共同具有的一些品质。这些品质让一个民族的成员区别于其他民族的成员。国家为了维持和增长它的权力需要民族共同体，而民族性格或民族精神是民族共同体的灵魂。对民族性格的过高估计是所有民族主义的通病。按照它们的逻辑，优秀的民族依靠其优秀的民族性格，注定会统治世界。民族主义发展到极点就会演化为种族主义。这种主义认为只要种族依然是纯粹的，它就能造就出强大和杰出的民族性格。通过与异族分子的结合而引起的种族不纯会腐蚀民族性格，并因此削弱国家权力。民族的同质性和种族的纯粹性是国家权力的有力保障。为了国家权力，少数民族必须被同化或被驱逐。与地缘政治学相比，民族主义让摩根索感到更为"震惊和厌恶"，这也许跟他不堪回首的人生遭遇有关。德国的民族主义在纳粹时代甚嚣尘上，青少年时期的摩根索曾深受其害。他虽然痛恨和贬斥民族主义，但他没有走入极端，没有一概否定民族性格的存在及其对国家权力的影响。

摩根索指出，军国主义习惯将军事力量视为决定国家权力的唯一或是主要因素。在这种主义看来，世界上最大的陆军、最大的海军、最大最快速的空军、数量上拥有绝对优势的核武器是国家权力的最重要象征。大步正走的德国士兵让普通的德国人忘乎所以；在宽阔的红场上的阅兵让苏联人体验到权力的优势；典型的英国人在看到本国庞大的无畏舰队时往往会丧失公允的判断能力；许多美国人抵抗不住原子弹释放出的迷惑力；如此等等。所有这些在摩根索看来都犯了同样的错误，即错误认为构成国家权力的全部东西或主要东西是军事力量。由于只关心有形的军事力量，军事主义往往会轻视无形的权力，最后，军国主义国家必然逊色于自我约束的国家。这种自我约束的国家不经常使用军事力量，而追求国家权力的有效性。摩根索指出："斯巴达、德国和日本军国主义的失败同罗马、英国建立帝国的政策的成功形成对比。"自从15世纪现代国家体系兴起以来，没有哪一个使用军国主义方法的国家强大到足以抵挡其他国家的联合反抗，摩根索如是说。

第6章

国家权力的限制

众所周知，国际政治中的权力斗争是不可避免的，但任由权力无限增长下去，出现一国相对于他国的权力膨胀，那么该国必然会滋生侵略扩张的野心，这是所谓"国际政治的铁的规律"。从伯克到摩根索，现实主义者一向反对把无节制、无限制的权力赋予任何个人或集体，哪怕这些人是具有理想目标和纯洁动机的圣人。不受限制的权力是危险的、不负责任的权力，存在这种不幸的情况不是因为个人或制度不完美，而是因为人类的心理或灵魂有缺陷，使得所有由人运作的制度都受到传染。因此，现实主义者特别坚定地相信，权力必须受到限制。申言之，为使国家间的权力斗争不致发展为战争，必须限制强国的权力增长。

权力均衡、国际道义、世界公共舆论和国际法都是对国家权力的限制。

权力均衡

摩根索认为，"均衡"（balance）与"平衡"（equilibrium）

在词义上是同义的。平衡一词被广泛运用于物理学、生物学、经济学、社会学和政治学等各种学科。所谓平衡，是指若干支独立存在的力量构成体系内部的稳定。每当由于外界的侵扰或由于构成该体系的一支或多支力量出现改变而打破原有的体系平衡时，该体系都显露出重建平衡的趋向——恢复原有的平衡或是形成新的平衡。摩根索举例："经济学中的平衡反映出经济体系中不同因素之间的关系，如储蓄与投资、出口与进口、供应与需求、成本与价格各对概念之间的关系。"同理，社会学中的平衡反映社会体系中不同因素之间的关系，如不同地区之间（东部与西部、南部与北部）的平衡、不同活动类型之间（农业与工业、重工业与轻工业、大型商业与小本经营、生产与消费、经理与工人）的平衡、不同职能集团之间（城市与乡村、中老年与青年、经济领域与政治领域、中产阶级与上层和下层阶级）的平衡。摩根索认为，所有这些平衡的最大优点，就在于维持体系稳定的同时，不容许破坏构成体系的诸因素或诸支力量的生存权。在摩根索看来，这也是平衡的两大基本功能。因为所有平衡都基于以下两项假设："第一，相互平衡的各因素对于社会来说是不可或缺的，或者是有权生存的；第二，各因素之间若不存在平衡状态，其中一个因素就会居于主宰地位，侵害其他因素的利益和权利，并且最终可能毁灭后者。"

平衡在政治学领域中通常特指权力平衡或权力均衡。权力均衡思想并不是摩根索首创。很早以前西方政治中的三权分立的政府体制就是建立在权力制衡思想的基础之上的，它在一定程度上说明了政府体系的稳定是由其组成部分的平衡来维系的。权力均衡思想的假设前提是，各支政治力量之间相互平衡而彼此制约，不会出现独裁专制、弱肉强食等现象，避免激烈冲突，维持内部的整体稳定。在摩根索看来，权力均衡原则同样也适合国际政治领域，即国际社会的稳定在很大程度上也要依赖于各个国家权力均衡的作用。国际政治中的权力均衡既是指各国力量分布的客观平衡状态，也是指各国力量通过某种分化组合的方式达到的大体平衡状态，其中任何一个国家都不可能处于绝对优势和控制全局的地位。

在摩根索看来，国际权力均衡有两种主要模式：直接对抗的模式和竞争的模式。

第一种，直接对抗的模式。这种模式通常发生在一个企图建立凌驾于他国之上的权力的国家与不甘臣服的另一个国家之间，如：A 国可能对 B 国推行一种帝国主义政策，而 B 国可能回应以现状政策或自己的帝国主义政策。摩根索认为："1812年法国及其盟国反对俄国，1941 年起同盟国对抗轴心国，都符合这种模式。"权力均衡就体现在两国对抗的过程中。A 国试图增加对 B 国的权力优势，直到它能够控制 B 国的决策以及使自己的帝国主义政策取得成功。与此同时，B 国则试图增加自己的权力以便能够抗拒 A 国的权力压力，从而挫败 A 国的帝国主义政策，或者也伺机成功地推行自己的帝国主义政策。于是，A 国必须相应增加自己的权力来对抗 B 国的帝国主义政策，并再次伺机成功地推行自己的帝国主义政策。摩根索认为，一国权力的增加必然会引起另一国权力至少同等程度的增加，这种对抗力量的平衡会持续下去，直到其中一方改变帝国主义政策或者一国已经赢得对另一国的决定性优势。换言之，权力平衡被打破了，接下来，不是弱者屈服于强者，就是二者之间用战争解决问题。

第二种，竞争的模式。这种模式一般发生在三国之间，它们之间的关系具体是这样的：A 国对 C 国推行一种帝国主义政策，而 B 国反对 A 国的政策，因为它企图保持 C 国现状或者企图自己控制 C 国。在这里，A 国和 B 国之间权力斗争的模式不是直接对抗的类型而是竞争的类型了，它们之间竞争的目标是对 C 国的控制。权力均衡就体现在 A、B 两国的竞争过程中。A 国控制 C 国所需的权力被 B 国的权力抵消了；反之，B 国企图控制 C 国所需的权力也被 A 国的权力抵消了，权力均衡得以维持。在这里，权力均衡除了使 A 国与 B 国之间形成一种有点脆弱的稳定和安全关系外，还附带地履行了另一种功能，即维护了 C 国的独立，使其免于 A 国或 B 国的侵害。换言之，C 国的独立仅仅取决于 A 国与 B 国之间的权力均衡状况。如果均衡打破了，C 国的独立将立即处于危险之中。摩根索指出，在国际政治的实践中，确实有很多像 C 国这样的小国，其独立总是依靠权力均衡，比如第二次世界大战前的比利时和巴尔干诸国。此外，摩根索还特别提到了朝鲜与权力均衡的关系。他认为："两千多年来，朝鲜的命运一直取决于一个国家控制朝鲜的优势，或者取决于两个竞相控制朝鲜的国家之间的权力均衡。"

毫无疑问，权力均衡对国际政治的稳定是至关重要的，那么如何才能实现权力均衡呢？在摩根索看来，这很简单，要么是减轻天平较重一侧的分量，要么增加较轻一侧的分量。具体而言，可以通过五种不同的方式建立权力均衡：将竞争对手分而治之；补偿政策，即重新划分领土疆界或瓜分殖民地和势力范围；军备竞赛；结盟；由某大国充当两大对抗力量之间的平衡者。五种方式中最重要的是结盟，即通过国家间的联盟对抗某强权国家或另一个联盟。

第一种方式：分而治之。所谓"分而治之"，就是通过分化竞争对手或使之保持分裂，来达到削弱竞争对手的目的。摩根索指出，在现代史上使用"分而治之"策略的典型例子，莫过于法国对德国的政策以及苏联对欧洲其他国家的政策了。法国一直认为，一个强大的德国是对欧洲权力均衡的威胁，因此，它从17世纪开始到第二次世界大战结束曾三番五次地主张对德国实行"分而治之"，比如：黎塞留曾支持德意志各小邦的新教君主、拿破仑一世曾扶植莱茵联邦、拿破仑三世曾支持德意志南部各小郡的君主、第一次世界大战之后法国对德国境内的分裂运动给予支持、第二次世界大战之后法国反对德国统一。与此类似的是，苏联从20世纪20年代起，就一直反对所有的欧洲统一计划。因为苏联认为，如果欧洲各国分散的力量聚集起来，形成一个统一的"西方集团"，这就破坏了欧洲原有的权力均衡，苏联的国家安全也会因此受到威胁。

第二种方式：补偿政策。该政策旨在通过领土补偿，即重新划分领土疆界或瓜分殖民地和势力范围，以达到权力均衡的目的。1713年的《乌德勒支和约》第一次确认使用领土补偿的手段以维持均衡的原则。它规定由哈布斯堡王朝和波旁王朝对西班牙在欧洲的领土和海外殖民地予以瓜分，"以保持欧洲的平衡"。奥地利、普鲁士和俄国在1772年、1793年和1795年对波兰的三次瓜分，在某种意义上讲，也是在补偿原则指导下实现权力均衡的一个典型例证。三国同意在对等的情况下瓜分波兰，这就维持了三国间的权力均衡，比如1772奥地利与俄国订立的条约就曾明文规定："领土的获得……将完全是相等的，一国所获得的部分不得超过另一国所获的部分。"试想，如果三国中的任何一个排斥其余两国而独享波兰领土的话，这便将打破权力均衡。19世纪后半叶和20世纪初，大国通过瓜分殖民地和势力范围来达到相互之间的权力均衡。比如，法国、英国和意大利通过1906年签订的条约，瓜分了埃塞俄比亚，以求在该地区建立有关大国之间的权力均衡。

第三种方式：军备竞赛。摩根索强调，这种方式一般是在一个国家试图运用自己拥有的权力来维持或重建权力均衡时才被使用。在军备竞赛中，A 国试图赶上并超过 B 国的军备水平，反之，B 国亦是如此。权力均衡就是在这种你追我赶的过程中体现出来的。但是，在摩根索看来，通过军备竞赛达到的权力均衡"是一种不稳定的、动态的权力均衡的典型表现形式"。他指出，军备竞赛必然导致相关国家财政负担的加重，同时还加深它们相互间的恐惧、猜疑和不安全感，甚至引发战争。他认为，第一次世界大战前夕，德国和英国之间的海军军备竞赛、法国与德国之间的陆军军备竞赛都很好地佐证了自己的上述论点。正因为军备竞赛的潜在危险性，所以自拿破仑战争结束后国际社会曾多次努力试图通过裁军来建立一种稳定的权力均衡。但是在摩根索看来，要想找到一个各国都满意的军备比例来进行裁军，这是十分困难的，而且事实也证明，想通过裁军创造一种稳定的权力均衡的大部分尝试都归于失败。

第四种方式：结盟。摩根索认为，在国际政治史上最常见的、最重要的权力均衡，并不是发生在两个国家之间，而是发生在一个国家与一个联盟之间抑或是一个联盟与另一个联盟之间。他指出，一国是否采取联盟政策完全是由其利益来决定的。如果一国对自身力量足够自信并且认为不靠外援也能足以自保的话，它就不会选择结盟；如果一国认识到在联盟内承担的义务超过其预期的收益时，它也不会采取联盟政策。比如，英国和美国在各自历史上的大部分时间里都避免与他国结盟。不仅如此，在摩根索看来，英、美两国彼此之间也避免结成联盟。在两次世界大战期间，英、美在许多利益上是一致的，在大多数时间里都是采取共同的政策和行动，但他们之间并没有因此而联盟。摩根索据此认为，一方面，只要相关国家的利益一致，即使是在不结盟的情况下，它们也能采取共同的行动和政策；另一方面，联盟则必须以利益的一致为基础，换言之，如果相关国家的利益相异，它们就不可能结盟。除了需要利益一致，成功联盟还需要另一个必要条件，即联盟的敌人必须是明确的。"假如敌人难以确定的话，任何同盟条约都将是行不通的"，摩根索如是说。联盟的主要目的是维系权力的均衡，它主要有两种表现形式。其一，联盟对抗世界霸权。这种形式具体表现为：直接受到 A 国威胁的 B 国与受 A 国潜在威胁的 C、D、E 等国联合起来对抗 A 国的霸权企图，以维系权力均衡。摩根索指出，在近代史上使用联盟对抗霸权来达到权力均衡目的的第一个例子是，弗朗西斯一世与亨利八世以及与土耳其人就曾缔结盟约，来阻止哈布斯堡王朝的查理五世巩固和扩张其帝国的企图。1789 年，反对法国的战争以及随后反对拿破仑的战争，也显示出相同的态势，即一个企图取得世界霸权的国家，遭到由许多国家组成的、旨在维护各国独立和权力均衡的联盟的抵抗。比如，第一次反法联盟在 1792 年的宣言中称："关心维持欧洲权力均衡的国家中没有一个能对法兰西王朝熟视无睹。"除此之外，摩根索在《国家间政治》一书中还列举了许多其他类似的例子，限于篇幅，不再一一提及。其二，联盟对抗联盟。在摩根索看来，"两个联盟彼此对峙，其中一方或双方同时追求帝国主义目标，并保护各成员的独立，以反对另一方的帝国主义野心，则是权力均衡体系中最常见的类型"。这种例子在历史上有很多，摩根索在《国家间政治》中列举过很多，在此，我们只选择其中的两个例子来加以分析。参加欧洲三十年战争的两个对抗联盟，一个是由法国和瑞典领导，一个是由奥地利领导，二者的目的都是为了使自己的帝国主义野心得逞，同时又是为了遏制对方的权力野心。在第一次世界大战时期，协约国为了维护世界性的权力均衡与同盟国之间展开了激烈的对抗。

第五种方式：权力均衡的"掌控者"。摩根索曾经将权力均衡比作一个平衡的秤盘。只要秤盘的两端力量保持平等，秤盘就会维持平衡。但是有时会出现这样一种情形，秤盘两端的平衡需要依赖于第三种力量，这种力量被摩根索称为平衡的"掌控者"或"平衡者"。摩根索曾这样形象地描绘平衡者所扮演的角色："平衡的掌控者位居天平中间，等待时机，审慎而超然地注视着天平的方向。"它有时把自己的力量加在秤盘的这一端，有时又加在那一端，它的唯一考虑是秤盘两端位置的相对高低。换言之，平衡者不会同任何一国或国家集团的政策永久保持一致，它只在乎权力均衡的维持，而不关心这一均衡将为哪些具体政策服务、将有利于哪一方。摩根索曾套用了帕默斯顿的一句话来概括自己的这一论点："均衡的掌控者没有永久的朋友，也没有永久的敌人；它只有维护权力均衡本身这一永久的利益。"平衡者因为长期扮演着这种类似"墙头草"的角色，所以经常受到人们基于道义原则的谴责。被摩根索称为近代史上"最出色"的平衡者——英国，就经常被人戏称为"背信弃义的英格兰"。因为英国的外交政策复杂多变，其他国家无法与之结成稳定、长期的联盟，而且总是让别人为它而战，使欧洲持续处于分裂状态以便保持欧洲大陆的权力均衡并进而控制欧洲大陆。从另一方面讲，平衡者因为常常扮演"公断人"的角色，所以它在权力均衡体系中占据关键地位，它的立场将决定权力斗争的结局。摩根索指出，路易十四统治下的法国和第一次世界大战前十年的意大利都曾试图充当欧洲权力均衡的"公断人"的角色。然而，两国囿于自身的一些缺陷而不能成功地扮演这样的角色。在摩根索眼里，只有16世纪的威尼斯和亨利八世以后的英国才能够成功扮演"公断人"这一关键角色。亨利八世有句名言："我支持谁，谁就取胜。"这句话凸显了英国对欧洲大陆权力均衡的决定性作用。后来人们还曾这样评价过伊丽莎白一世统治下的英国："西班牙和法国宛如欧洲天平的两端，英国则是天平的指针或支架。"20世纪以来，随着英国国家权力的衰落以及美国和苏联权力的增长，英国已很难再承担起欧洲权力均衡的"掌控者"的责任。

在对权力均衡的五种方式作了详细论述之后，摩根索提出了应如何评估权力均衡的价值这一问题。他首先肯定了权力均衡对于维护世界和平与安全的重要作用。他指出，从1648年三十年战争结束到18世纪末波兰被瓜分为止，权力均衡成功地保障了所有国家的生存，阻止了任何一国夺取世界霸权的企图。但是，摩根索也提醒人们注意这样一个事实，即权力均衡在取得诸多成就的同时也让人类付出了战争的代价。从1648年到1815年，大大小小的战争从未中断过。20世纪更是爆发了两次席卷全球的世界大战。另外，在权力均衡的过程中，一些小国、弱国还可能会被瓜分或被兼并（吊诡的是，权力均衡原则的功能之一就是要维护各个国家的独立），比如普鲁士、奥地利和俄国三国在权力均衡的名义下瓜分了波兰。这些事实明确地告诉世人，权力均衡并不是完美的，它存在着一些弱点，摩根索将其总结为三点：不确定性、不现实性和功能不足。

第一点：权力均衡的不确定性。摩根索指出，权力均衡实质上是机械力学原理在国际政治事务中的实际应用。以机械力学建构的权力均衡，需要有一个简易和统一的度量标准，以便把每个国家权力的大小加以衡量比较。在摩根索看来，虽然我们找到了这个度量标准，即国家权力几个构成要素，但是如何根据这些要素准确地计算出每个国家的权力大小却是个棘手的问题。正如前文所述，有些权力要素不仅是动态的、不稳定的，而且很难将其量化，比如国民性格、政府素质、外交素质等。因此，准确评估国家权力似乎成为不可能。既然无法对国家权力进行准确评估，因而也就无法精确比较各个国家权力的大小，这就为权力均衡带来了不确定性。除此之外，权力均衡的不确定性还来自于人们总是难以判断敌友。比如：1941年第一次世界大战爆发前夕，谁也无法判断意大利的意图，它会选择履行三国同盟条约的义务、在将来的战争中加入德、奥一方与法、英、俄作战呢，还是会加入协约国一方与德、奥为敌呢，甚至是选择保持中立呢？再比如：1941年7月30日，德国和奥地利的领导人无法确定俄国是否会为了维持巴尔干半岛的权力均衡而不惜与奥地利一战。

第二点：权力均衡的不现实性。既然权力均衡存在着不确定性，那么如果一国把自己的安全完全寄托在权力均衡的维持上就得冒很大的风险，一旦出现差错，失去了权力均衡的保障，自己的国家安全就将会受到威胁。因此，为了避免这种潜在的风险，确保自己国家安全的万无一失，每一个国家都倾向于尽可能地追求权力优势而非以权力平等为目标的权力均衡。换言之，权力均衡失去了它的现实意义——对国家权力的限制。在摩根索看来，最大限度地追求权力事实上是权力均衡的自然结果，甚至可以说历史上的一些战争直接根源于权力均衡，"尽管没有人能说得出假设以往没有权力均衡会爆发多少场战争，人们却并不难明白自从现代国家体系形成以来，大多数战争都源于权力均衡"，比如第一次世界大战。权力均衡的不现实性，还源自一些国家常常把权力均衡当作意识形态来使用。换言之，这些国家用权力均衡来掩饰自己的权力欲望，使其合理化并为其辩护。当一个国家想为自己在国际舞台上的某一行动辩解时，它可能把这一行动说成是为了维护或恢复权力均衡。当它诘难另一国的某一行动或某项政策时，它也很可能指责该国威胁或破坏了权力均衡。比如：在英、法七年战争时期，英国的知识分子大谈特谈欧洲权力均衡的必要性，以此为自己的国家辩护；而法国的智囊们则声称，为了恢复"贸易的平衡"，法国不得不反对英国在海上和北美的权力优势。

第三点：权力均衡的功能不足。乍一看来，权力均衡在 17～19 世纪处于鼎盛时期，对于维护现代国家体系的稳定和国家独立作出了卓越贡献。然而，在摩根索看来，缺少共同道德观念等因素的配合，"单是权力均衡并不能带来如此益处"。换言之，权力均衡的功能是有限的或曰不足的。共同的道德观念是权力均衡赖以存在的基础，是权力均衡作用得以发挥的重要保证。摩根索曾引用 18 世纪最具影响力的国际法专家法泰尔的话来佐证自己的观点。法泰尔是这样说的："欧洲形成了一个政治体系、一个整体。在世界这一地区居住的各个民族的彼此交往和各自利益聚合成这样一个整体……整个欧洲变为某种类型的共和国，共和国的各成员虽然是独立的，却能通过共同利益的沟通联合起来以维护秩序和自由。因此，政治平衡或权力均衡这一著名的构想出现了；大家达成不允许任何国家取得支配他国的绝对优势或对他国发号施令的共识。"另一位学者吉本也曾以其特有的雄辩和才略指出，权力均衡这台发动机运转所需的燃料和能源，乃是西方文明的智力和道德氛围。

国际道义

摩根索虽然相信只依靠理性的道德规则就可实现稳定及和

平的想法是空想，但他也同样相信只依靠权力均衡就可以实现稳定及和平也是不现实的。国际社会需要一套国际行为准则——国际道德、国际舆论、国际法，它既可以限制国家权力的扩张，而且还可以限制国家在追求利益和权力时可能采取的手段。

在具体探讨国际道德之前，摩根索提醒人们注意两个极端："一是过高估计伦理道德对国际政治的影响；一是过低估计它对国际政治的影响，否认政治家和外交官会受物质权力考虑之外任何其他考虑的驱使。"对于第一种极端，摩根索是这样剖析的：人们实际遵守的道德规则与他们假装遵守的道德规则是截然不同的，不能混为一谈。人们总是希望政治家和外交官能恪守基本的道德准则，诸如信守诺言、信任他人、公平交易、尊重国际法、保护少数、放弃战争作为国家政策的工具等等，以使各国关系更趋和平、稳定。而事实上，政客们也往往以这些道德来标榜自己。对此，摩根索提出了这样的疑问：这些道德告诫"实际上是否决定着和在多大程度上决定着人们的行动"。而且，政客们还习惯于以道德词句为他们的行动和目标辩护。因此，问题的实质在于，"他们的声明是否仅仅是掩饰其行动真实动机的意识形态，或者，他们的声明是否表达了使国际政策符合伦理标准的真正关心"。一言以蔽之，国际道德对国际政治的影响是有限的，不能被无限放大。对于后一种极端，摩根索批驳的理由是：在国际政治的舞台上，政治家和外交官实际做的比他们能够做的要少很多。比如，他们拒绝考虑某些目的和使用某些手段，不是因为他们愚蠢或是能力不足，而是因为他们受到某些道德规则的限制和约束。换言之，对于他们而言，某些事情即使做起来很方便，但没有做是基于道德伦理。摩根索指出，道德的"限制性功能在确立和平时期

113

人类生命的神圣性方面表现得最为明显、最为有效"。

如前文所述，人口的数量和质量是国家权力的重要构成要素之一。如果国际政治被视为旨在维持和取得权力而不受任何道德牵制的话，任何一个国家都可以毫无顾忌地通过大量消灭或减少敌国的人口、最杰出的军政领袖以及最有才能的外交官，来达到维持和增加本国权力、限制和削弱他国权力的目的。在国际道德还没有普世的时期，据威尼斯共和国的官方记录，从1415年到1525年间，威尼斯共和国为实现其外交政策目标，策划或者尝试了大约两百起暗杀行动。在那些要杀害的人中，有两个皇帝、两个法兰西国王和三个苏丹。至近代，国际道德在国际社会里逐渐普及，俨然已形成一种共识，人们能明显地感知道德约束的存在及其效力。摩根索认为，在当代，道德的约束作用在美国公众对美国中央情报局所策划的暗杀阴谋的反映上体现得尤为明显。美国公众对中央情报局的违背道德之举表示出的强烈愤慨，表征道德对有关部门行为的约束和对人类生命的保护。摩根索指出，在和平时期，道德约束不仅保护杰出人物的生命，而且保护大的群体以至整个民族的生命。例如，在第二次世界大战后，同盟国面临着怎样处理过多的德国人口问题。因为一直存在这样一种说法：自1870年德法战争以来，德国凭借其人口的规模和素质变成了欧洲最强大的国家。因此，为了抑制德国，减少德国的人口似乎变得理所当然。当时有两种方法可供同盟国选择，一种是罗马人一劳永逸地彻底消灭迦太基人的方法，这种方法虽然谈不上道德，但在政治上却是可行的；另一种是不允许把大屠杀作为达到其目的的手段的方法，这种方法要求国家要遵守绝对的道德原则，而不应该只考虑国家利益。摩根索认为，这两种方法的对立实质上是两种国际政治观念——一种主张在道德框架内行事，一种主张在道德框架外行事——之间的根本冲突。摩根索曾引用丘吉尔的一段回忆来说明这一冲突。丘吉尔曾这样回忆他在德黑兰会议期间同斯大林的一段关于战后怎样惩罚德国人的争论："他说，'五万（德国）人必须枪决'。我被深深地激怒了。我说，'我宁愿自己立刻就被拉到这个花园里被枪决，也决不愿因这种丑行而玷污我自己和我的国家的荣誉'。"

摩根索指出，即使是在战争时期，平民和丧失作战能力或意志的战斗人员也会因为道德约束的存在而受到保护。当然，在文明时代来临之前，交战双方一直被认为可以任意地杀死全部敌人甚至包括非武装人员。摩根索强调，在那个年代，"男人、女人和孩子常常被胜利者杀死或贩卖为奴而不会引起任何不利的道德反映"。但自从三十年战争结束以来，一种全新的观念已被普遍接受：战争不是全体人民之间而只是交战国军队之间的对抗。于是，区别对待战斗人员与非战斗人员便成了约束交战国行动的根本道德原则之一。至于武装部队中丧失作战能力或意志的人员的生命保护问题，也随着时间的推移得到了解决。国家之间逐渐在一种新观念上达成共识：只有那些实际上能够并愿意积极参加战斗的人员，才应该成为军事行动攻击的目标；对那些由于伤病或由于已成为战俘或愿意成为战俘而不再参加实际战斗的人员，则不应加以伤害。摩根索指出，"这种战争人道化的趋势始于 16 世纪，以 19 世纪和 20 世纪初期的重大多边条约为标志而达到顶峰"。

摩根索认为，道德的制约限制不仅在和平时期或战争时期发挥着保护人类生命的重要功能，而且它对战争本身的约束作用也是非常明显的。进入 20 世纪以来，战争本身开始成为道德约束的目标。政治家们开始公开谴责战争，避免战争俨然已成为治国方略的一个目标。摩根索指出，研究第一次世界大战前后的各类外交档案可以发现，几乎所有的政治家在采取可能会导致战争的政策时是踌躇的，在战争最终不可避免地爆发时是沮丧的，这与19世纪的情况形成了鲜明的对比。在19世纪时，政治家为了使战争不可避免会无所不用其极，比如处心积虑地谋划战争、制造事端、转嫁战争的责任等。至第二次世界大战时，人们对战争的谴责更加明显。西方国家的绝大多数政治家们都在想方设法避免二战的爆发，即使在战争不可避免地爆发时，他们也表现出普遍的忧虑。在朝鲜战争中，所有大国都毫无例外地希望把战争限制在朝鲜半岛范围内以防止其演化为第三次世界大战。此外，在第二次世界大战结束以来出现的众多国际危机中，大国们也都进行了自我克制。在摩根索看来，"这些都是战争态度发生根本改变的突出例证"。

有一点值得注意的是，摩根索在其著述中谈及道德价值可以限制国家权力的增长时，一般用的都是过去时。这是因为在他看来，20世纪以前的国际社会尤其是欧洲，存有一套以基督教信仰为思想基础的并为多数国家严格遵守的国际道德规范。这些规范构成了"共享的信仰和共同的价值，有效地限制了国家权力斗争的目的与手段"。但是，在进入20世纪后的当代国际社会中，"先前具有凝聚力的国际社会分裂为众多的、道德上自我满足的民族共同体，它们脱离了共同的道德规则框架而自行其是；这种分裂不过是近代巨变的表征，它改变了普世共享的道德规则与特定国家伦理体系的关系"。每一个民族国家都相信自己民族的思想或意识形态应当统治全世界，自己国家的利益是享有特权的或优先的，各国的利益不再享有平等的基础。摩根索有点无奈地提醒当代人：原有的"政治和道德制度今天几乎荡然无存"。对于20世纪的国际政治，他担心的主要问题是道德价值的丧失，以致使国家利益不受限制和毫无妥协。这种局势增加了各国之间利益冲突的机会，而这种政治情况同时又与各国掌握越来越多的大规模杀伤性武器结合起来。世界变得不再稳定。

世界公共舆论

梳理国际政治领域的相关文献可以发现，几乎没有一个概念能像世界舆论那样受到政治家和学者们如此的青睐。在摩根索看来，这些人在过去四十年里频繁地使用世界舆论这一概念，但又对其缺乏精确的定义和科学的分析。因此，世界舆论这一概念亟待廓清。摩根索试图从以下几点来解释世界舆论，即"它包含哪些内容，它是如何表现出来的，它在国际政治中行使什么样的功能，尤其是它以何种方式对国际舞台上的权力斗争施加限制"。

在具体论述世界舆论之前，摩根索先引用了一些政客的话语来说明世界舆论的重要性。1919 年 7 月 21 日，罗伯特·塞西尔勋爵在英国下院发表讲话时宣称："我们所依靠的有力武器是公众舆论。……假如我们在这个问题上出了错，那一切都错了。"美国前国务卿科德尔·赫尔曾于 1939 年发表讲话指出："公共舆论这个在维护和平的所有力量中最强大的力量，正在世界各地更加迅猛地发展着。"那么，世界舆论具体所指何物呢？摩根索是这样来给它下定义的，"世界舆论显然是一种超越国界的公共舆论。它把不同国家的成员团结起来，至少在某些根本性的国际问题上形成共同意见。当这种共同意见不赞成国际政治棋局上的任何一个举动时，它便通过世界各地对这一举动的自发反应表现出来"。摩根索指出，每当一个国家的政府在国际舞台上触犯了世界舆论时，人们便会不分种族、不分国籍地群起而攻之，力争能够迫使该政府接受世界舆论的意愿。但是可惜的是，摩根索并不认为这样的世界舆论是存在的并且能够对各国政府的外交政策起到限制作用。他指出，在现代史上，还没有出现过一个政府的某项外交政策由于世界舆论的反对而被制止的先例。虽然在一些诸如20世纪30年代日本对中国的侵略、1935年后德国的外交政策、1936年意大利对埃塞俄比亚的进攻、1956年苏联对匈牙利革命的镇压等历史事件上，曾出现过世界舆论反对某个政府的某项外交政策的企图，但是最终取得的效果都很微小。

至于人们为什么总是相信世界舆论不仅是存在的并且能够对国际社会上的权力斗争施加限制，摩根索认为这主要有三点原因。

第一点，共同的心理特征和基本愿望。在一定程度上，全人类具有共同的心理特征和基本愿望，比如，所有人都渴求生存、所有人都向往自由、所有人都追求权力。人们普遍认为，在人类这一共同的心理基础上一定矗立着由人类共同的哲学信念、伦理观念和政治愿望构成的大厦。而共同的信念、观念和愿望又为世界舆论的形成提供了可能。摩根索承认："在某种（假设的）情形下，这些信念、观念和愿望也许是所有人共有的"，但是，在实际的国际政治生活中却并非如此。国际社会中的各国人民在生活水平上存在着从普遍饥荒到丰饶富裕的差异；在自由方面存在着从暴政到民主、从经济奴役到平等的差异；在权力方面存在着从不受约束的独裁统治到受宪法约束的民主统治的差异。换言之，这个民族享有自由，但却忍饥挨饿；那个民族丰衣足食，但却渴望自由；另一个民族享有生命安全和个人自由，但却在专制统治下苦苦煎熬。摩根索认为，这些差异导致的结果是，不同国家、不同民族的人民在道德判断和政治评价上会显示出极大的差异。也就是说，同一种道德和政治概念在不同的环境中具有不同的含义。正义和民主在此地意味着一种东西，在彼地则意味着完全不同的另一种东西。申言之，国际社会上的某一行动，被一些人谴责为不道德的和不正义的，但却被另一些人颂扬为道德的和正义的。据此，摩根索得出的结论是，共同的心理特征和基本愿望是不能生成共同的道德理念和政治愿望的。于是，人们希望通过共同的心理特征和愿望来论证共同的道德理念和政治愿望的存在并进而证明世界舆论的存在的想法也就此破产了。

第二点，发达的交通通讯技术。现代交通通讯技术的发展实际上已经消除了地理上的距离，不同国家的人民可以更加便捷地进行身体接触和信息思想交流。人们于是认为，身体接触和信息思想交流的快捷、频繁，会创造出一个具有共同的经验、普遍性的道德信念和共同的政治愿望的共同体，并相信世界舆论可以从这个共同体中产生。摩根索对此进行了反驳。首先，他认为，现代交通通讯技术在大大促进不同国家人民之间的交流的同时，也赋予了这些国家的政府以阻碍这种交流的技术能力。换言之，现代交通通讯技术的发展不仅使个人之间不受地理距离限制的交往在技术上成为可能，同时也使政府完全切断这种交往在技术上成为可能。摩根索感慨道："两百年前，一个受过教育的俄国人要想了解法国的政治思想和行动远比现在容易；一个英国人要想在法国人中传播他的政治思想，在当时也比现在有更好的机会；对于一个西班牙人来说，想要移居或即使是想要到北美大陆旅行，当时也比现在简便。"摩根索提醒人们不应忘记，正是现代技术的发展才使专制政府成为可能。因为现代技术让专制政府具备了一种技术能力：能够向普通大众提供道德和精神食粮，向他们灌输某些特定的、经过筛选的观念和信息，断绝他们与其他观念和信息的接触。另外，现代技术的发展还使信息和观念的搜集和传播越来越集中在拥有雄厚资本的传媒巨头手上。在技术还很落后的时代里，任何一个手中握有一定资金的人，都可以通过印刷图书、手册或报纸并自动发行，把他的思想传播给公众。只可惜这样的时代已经一去不复返了。在当代，传媒大亨们垄断着各类信息思想，引导着公共舆论的走向。在摩根索看来，在所有的国家里，绝大多数私人传媒机构事实上都是支持各自政府的，因而，不利于国家和政府的信息和观念很少能通过它们传播到公众耳中。一言以蔽之，现代技术的发达并没有带来信息、观念的自由流通。其次，摩根索进一步认为，即使信息和思想被允许在全球自由流动，也绝不可能说明世界舆论是存在的。他给出的理由是，在全球流动和传播的信息和思想实质上是各国人民的哲学观点、道德理念和政治愿望的反映。摩根索认为，假如那些观点、理念和愿望是相同的、全人类所共同的，那么信息和思想的自由流动的确会创造出世界舆论。可就像摩根索在前文的第一点中所指出的那样，人类虽然有着共同的心理特征和基本愿望，但这不足以产生共同的道德理念和政治观点。摩根索指出，正因为如此，对于同一则新闻，美国人、俄国人和印度人将以他们各自不同的道德理念和政治观点来加以解读，可想而知，"不同的观点将赋予这则新闻不同的色彩"。比如关于越战的一篇新闻报道，摩根索感慨道："在不同的观察家眼里其新闻价值也会各不相同，更不必说对这篇报道所作的任何评论了。"纵使人们的心灵能够不受妨碍地自由交流，他们也仍旧不会心心相印。即使美国人、俄国人和印度人彼此能够自由交谈，甚至可以用同样的话语进行沟通，但是这些话语对他们各自来说也还是意味着不同的事物、价值和愿望。一言以蔽之，各国的不同舆论是无法融合成一项世界舆论的。

第三点，对民族主义的忽视。伍德罗·威尔逊在一战后提出的旨在实现世界永久和平的"十四点"原则曾被绝大多数人广泛地接受。摩根索指出，"当时似乎确实存在着支持这些原则的世界舆论"。但事实果真如此吗？摩根索提出，虽然世界各地的人们都赞成"十四点"原则，但他们的思想在特定的民族主义塑造和引导下，会给"十四点"原则中的一些词句注入特定的含义，涂上特定的色彩。就像沃尔特·李普曼先生所说的那样，"若认为欢迎'十四点'的表面上众口一词的热诚代表了对一项计划的一致意见，那就错了。每个人似乎都发现了某些他所喜欢的东西，都强调这一方面或那一细节……"。当华盛顿、莫斯科、北京、新德里、伦敦、巴黎和马德里的市井大众在谈到战争时，都表示出普遍的厌恶之情。这里似乎存在着关于战争的真正的世界舆论，但是摩根索指出，"这里的表象也是假象"。人们在上述情景下谈论的战争实际是抽象意义上的战争，也就是说，人们普遍厌恶的是抽象意义上的战争。摩根索认为，一旦战争从抽象变为具体时，"团结在一起的人类便暴露出自己的软弱无能，表面上的世界舆论便分裂为各国的舆论了"。各个国家的人会按照各自的观点来看待一场特定的战争。比如，在意大利对埃塞俄比亚的战争上，人们从一般的、抽象的立场出发通常会反对这场不会影响自己国家利益的战争。但是，一旦具体到采取相关行动来制止这场战争时，一些国家诸如英国因顾及自身的国家利益而不愿采取有效行动。因为这种行动要想有效，就必定激烈，这势必会对自己的国家利益带来某些不利和风险。从另一方面讲，如果这场战争具体影响到若干国家的利益时，这些国家就会把意大利当作自己国家的敌人，并把意大利作为战争贩子来反对。可见，一旦从具体层面上来探讨战争时，各国的舆论就不再统一了，世界舆论也就无从谈起了。其实之所以会这样，就是因为各国的民族主义在作祟。

国际法

国际法是随着主权国家的产生而产生的。经过 16 世纪的一场政治剧变，原有的封建体系遭到瓦解，民族国家得以诞生并且成为国际社会中拥有绝对主权的独立实体。这些实体之间为了和平共处，就需要有一套法律法规来规范彼此的行为。在摩根索看来，这里的法律法规实际上就是国际法。格劳秀斯于 1628 年发表的著作《战争与和平法》是早期国际法体系编纂的经典之作。在它的基础上，国际社会在随后的 18 世纪，尤其是 19 世纪和 20 世纪，建构出一套国际法体系，它包括"数千项条约、数百条国际法院的判决，以及国内法院的无数判决"。这些条约和判决详尽地规定了主权国家之间的相互权利和义务。

有这样一个事实，当国际法的某项条款遭到践踏时，国际法也许不能有效地加以制止。摩根索认为，该事实可能让一些人对国际法产生误解——全面否定国际法的作用。摩根索指出，这显然是与事实不符的，从国际法诞生至今，它在大多数情况下都得到了主权国家们的严格遵守。他接着还分析了人们之所以容易对国际法产生这种误解的原因。他认为，至少部分原因在于公众的视线过于喜好停留在那些引人注目的、但又十分脆弱的国际法文件上，如《白里安—凯洛格公约》《国际联盟盟约》和《联合国宪章》等，"这些文件的效力确实是有疑问的（即它们常常遭到破坏），有时甚至它们是否有效都成问题（即它们遭破坏时，无法采取制裁行动）"。然而，这些文件都只是国际法的次要部分。在摩根索看来，国际法的主要部分，如关于领土管辖权范围、一国船舶在外国水域的权利以及外交代表的地位等国际法规，一直以来都发挥着有效的作用。摩根索在肯定国际法作用的同时，也提醒人们不要走向另一个极端，即认为国际法像国内法律一样是有效的法律体系，它能够有效地控制和约束国际舞台上的权力斗争。摩根索的驳斥理由是，在国内，有一支有组织的并且垄断着所有暴力机器的力量——政府，来强制实施国内法。而在国际社会，则没有一个类似于政府角色的中央权力机构，来承担起制定法律和强制实施法律的责任。既然国际法不能被强制实施，这也就意味着它无法有效地控制和约束主权国家的权力斗争行为。因此，我们必须全面、客观、公正地看待国际法的作用，才能避免走向上述两个极端。

摩根索认为，我们可以像分析其他法律体系那样，从立法、司法、执法三个基本方面来剖析国际法。

第一，立法方面。在国内，一般都由一个明确的机构来专门负责制定法律法规，这个机构可以是国会、议会，也可以是法院，或者其他部门。但在国际社会，摩根索认为只有两种力量可以创立法律，一种是必要性，另一种是相互同意。在国际法中，有一些规则，如国家主权的范围、国际法规的解释等，它们对于所有的国家来说都是必要的，因此自然具有法律的效力，能对所有各国进行约束。但这类规则在国际法中所占的比重是非常小的，也就是说，大量的、主要的国际法规则是通过另一种方式创立的，即通过相关国家的彼此同意来创立的。每个国家只受它已经同意的国际法规则的约束。摩根索指出，国际条约是创立国际法的主要工具。但必须强调的是，通过一项国际条约创立的国际法，仅仅对该条约的签字国有约束力。比如，美洲国家之间订立的国际条约，通常来说只能约束美洲国家，不能约束其他国家；苏联与伊朗签订的条约，一般来讲对任何第三国都没有法律效力，如此等等。通过把国内立法与国际立法比较一番之后，摩根索得出这样的结论：因为国内法的制定权通常集中于某个明确的部门，所以国内法在立法方面具有集中性；而国际法没有一个明确的立法主体，所以它在立法方面具有分散性。而这一分散性是导致国际法脆弱的根本原因之一。摩根索接着指出，在国内，立法机关在制定法律时，都是尽可能地明确和细化，而且法院还会通过判例来进一步地解释法律，甚至行政机构也会通过发布行政命令等形式履行解释法律的职能。但在国际社会，多数的国际法条文，如《联合国宪章》，都是含糊不清的，这倒是有点像美国宪法的情况。但在摩根索看来，二者又有质的不同：美国宪法之所以没有被细化，是出于历史的需要，而且即使出现因为宪法的模糊规定而引起理解分歧，也会由美国最高法院这样的权威部门站出来解决这一难题，它会通过判例的形式对模糊的条款作出具体解释；而国际法中条文之所以是模糊的，是一贯如此和必须如此的。因为国际法只有在得到相关国家的一致同意后才具备法律效力，所以国际法在草拟时会考虑到所有相关国家的利益，而这势必会导致最终出台的法律条文是高度概括的，也就是模糊不清的。在因为国际法条文的模糊不清而产生理解分歧时，作出法律解释的不是类似于国内最高法院那样的权威部门，而是参与制定国际法的国家本身。摩根索认为，这些国家"会理所当然地依据各自特定的、各不相同的国家利益观念，来解释和运用国际法的规定。它们自然要利用国际法规则来为它们特定的外交政策服务，从而会破坏这些国际法规则的任何普遍使用的约束力……"因此，国际法在法律解释方面的随意性在一定程度上又加深了国际法脆弱无力的程度。

第二，司法方面。国际法由于在立法方面的分散性，使自身产生了许多缺陷。但摩根索认为，倘若国际社会存在一个类似国内法院那样的权威的司法机构，能在任何时候基于国际法作出权威的判决，那么尽管国际法存在上述缺陷，它仍然有可能发挥效能，制约相关法律主体的行为。现在的问题是，国际社会有没有一个权威的司法机构，有没有一项有效的司法制度？摩根索指出，一项有效的司法制度通常包括三个基本要素：强制管辖权、司法判决的等级制和依循判例原则，而这三项基本要素都是国际法体系中所缺少的。国际法院的管辖权不是强制的，它受制于当事国的意愿，也就是说，仅仅在当事国愿意将争端提交国际法院裁决的时候，国际法院才具有管辖权，而不经当事国同意，任何国际法院都不能拥有对国际争端的管辖权。一旦双方同意将某一争端交付国际法院解决，双方必须首先订立一项特别协定——规定双方应保证承担接受法院管辖的义务。为了强化国际司法职能，使其至少在解决特定种类的争端方面，具有相近于国内法中严格的强制诉讼权，国际法体系中特别设立了一条"任择条款"。该条款规定签字国"在一切法律争端方面，承认法院的管辖权在涉及接受同样义务的任何其他国家时，当然具有强制性，不须另立特别协定"。摩根索指出，该条款的签字国虽有四十五个，但是，只有极少数的国家在签字时是毫无保留的。换言之，多数国家是有所保留的，比如摩根索提到的美国，它于1946年8月14日发表声明，宣布接受国际法院的强制管辖权。可是，声明中所附带的保留性条款涉及范围很广，弱化了美国所接受的严格的法律义务，使其几近乌有。因此，摩根索认为"任择条款"好似橡皮图章，其授予国际法院的强制管辖权在多数情况下是无法实行的。"在处理特别重要的国际争端问题上，各国对于是否接受国际法院的管辖，保留着行动的自由。"摩根索曾做过一次有趣的对比：虽然第二次世界大战结束以来国际社会的争端层出不穷，但是国际法院在它存在的最初三十五年里才判决了二十九起案件。这一鲜明对比在一定程度上表征了国际法院的尴尬处境。国际法不具备强制管辖权，这意味着它不可能有效地限制和约束法律主体的行动。另外，国际法院司法判决的法律效力也十分有限，就连《国际法院规约》也明确承认："法院之裁判除对于当事国及本案外无拘束力。"至此，摩根索通过详细的论证，得出的结论是，国际法在司法方面同其在立法方面一样具有分散性的特征。

第三，执法方面。摩根索强调，如果说国际法在立法和司法两方面的分散性需要通过详细的论证才能看得清楚的话，那么，国际法在执法方面的分散性则是彻头彻尾和显而易见的。国际法自身并不具备执行法律的机构和力量，它需要依赖于各国政府的执行机构和执行力量。摩根索举例说，在国内社会，当 A 公民侵犯了 B 公民的权利时，该国的法律执行部门将介入，依法保障 B 公民的权利，强迫 A 公民向 B 公民作出赔偿；在国际社会，由于没有一个像国内执法部门那样的执法机构的存在，因此在出现 A 国违犯国际法、侵犯 B 国权利的情况下，不会有任何国际法执行机构站出来保障 B 国的正当权利。B 国只能依靠自己的力量去执行国际法中的有关规定，尝试对 A 国进行强制性的惩罚。这时就可能会出现两种情况：第一种情况，如果 B 国与 A 国相比，是足够强大的，那么 B 国就能依靠自己强大的实力给予 A 国应有的制裁；第二种情况，如果 B 国比 A 国虚弱，那它就没有能力依据国际法对 A 国执行制裁。在摩根索看来，上述两种情况的存在，会导致国际社会出现这样一种局面："一个大国可以侵害一个小国的权利而不必惧怕后者给予有效制裁。大国可以借口自己的权利受到侵犯而对小国采取强制措施，不管所指控的违犯国际法的情况是否真正发生，也不管所采取措施的严厉程度与小国的罪责是否相称。"小国为了保护自己的权利，必须寻求大国的帮助。至于大国是否会出手相助，摩根索认为，这不是一个国际法问题，而是一个国家利益问题。也就是说，国际社会是否作出采取执行国际法的行动，主要不是基于国际法的考虑，而是基于国家利益的考虑。不过摩根索也承认，在真正的国际政治实践中，国际法的执行情况远没有像上述分析的那样糟糕。各国普遍都能自觉遵守国际法的绝大部分规则，因为这些规则实际上是用法律条文的形式表达了国家之间存在的共同的或互补的利益，遵守这些规则是符合各国利益的。在大多数违反国际法规则的案件中，国际司法判决的结果一般都能被有关方自愿执行。摩根索提及，"在过去的 150 年间，这种司法判决有数千条之多，其中败诉一方拒绝自愿执行司法决定的情况少于十例"。根据以上分析，摩根索总结道：尽管国际法在执行方面是极其软弱的，但国际法的大部分规则一般来说都被自觉遵守。不过，对于那些重大的、特殊的事件，国际法的执行问题就会被无限放大。因为在这些事例中，遵守和执行国际法将对有关国家的权力分配产生直接影响，换言之，在这些事例中，有关国家只会从权力的角度而非法律规则的角度考虑是否遵守和执行国际法。

尽管摩根索在其代表作《国家间政治》中花了大量的笔墨

探讨国际道德、世界公共舆论、国际法对国家权力的限制，但是他得出的结论却是悲观的，也就是说摩根索并不看好国际道德、世界公共舆论以及国际法能够行之有效地限制国家的权力增长。因为国际道德和世界舆论对于国家的约束都是道义上的，是虚弱的和没有强制力的。也就是说，道德、舆论的局限在于它只能缓和而不能终止冲突和自高自大的行为。与此同时，国家是为了自己的利益而在国际上行动并且只会在国际法的规则符合其利益时才会遵守之，再加上国际法也不像国内法那样拥有权威的立法机构和强力的执法机构，因此国际法对国家权力的限制只是橡皮图章，仅仅具有象征意义。试想如果一国下定决心要不顾一切地扩张权力，谁能阻止它？而近一个世纪以来大量的国际史实着实证明了摩根索的悲观并非是杞人忧天和毫无道理的。

第 7 章

和平何以可能

国际政治就是权力政治。国家无限扩大自己的权力欲望，会在一定条件下演变并导致战争。在摩根索看来，国际政治中国家间的权力斗争是不可避免的，但是由权力斗争升级为大规模的冲突甚至是战争却是可以避免的，也就是说和平是可能的。摩根索一直想向那些误会他是个"权力迷"的批评者们澄清：自己的眼里并不是只有权力斗争，事实上自己之所以研究权力恰恰是为了更好地限制权力，防止权力斗争升级为战争，借以找到通向和平的道路。在前文，我们已经提到摩根索想通过权力均衡、国际道德、世界公共舆论和国际法来限制国家的权力，但是摩根索最终得出的结论是悲观的，即上述四个要素在限制国家权力方面都无法让人满意。所以，摩根索认为，寻求国际社会的普遍和平只靠限制权力是远远不够的，还必须改造国际环境。

在摩根索看来，欲达到世界和平有许多方法。我们可以将这些方法归类为"治标"和"治本"两种。治标的方法：首先应该阻止国际政治中破坏性和无秩序倾向的发展，在这方面进行过的最持久的努力是裁军。但是裁军本身并不能制止战争。

裁军的努力迄今为止从未成功，因为它实际上反映的只是有关国家之间的权力关系。由于同样的原因，其他诸如建立集体安全体系、成立国际警察部队、通过司法程序解决国际争端等手段，也都没有成功的希望。看来"治标"的方法难以奏效，那么"治本"的方法呢？

"治本"的方法在于改造世界的无政府状态。在国际社会，不形成一个世界范围的国家，不成立一个世界政府，就没有持久的世界和平。正如在国内一样，如果没有一个公认的具有权威性的国家和政府，那么国内的局势只能是霍布斯所形容的"每个人反对每个人"的战争状态，稳定只是奢望。但是，成立世界国家和世界政府并不是一朝一夕、一蹴而就的，需要一个漫长的成长过程。因为想要目前依然是国际社会中最为重要的行为主体——国家一下子放弃自己拥有的独立主权，自愿降格为世界国家中一个州或一个省，几乎是天方夜谭。既然立即建立世界国家无望，摩根索认为可以先尝试建立一个世界共同体。等经验积累够了，条件也趋于成熟了，到那时再尝试建立世界国家将变得相对容易点。但是，建立世界共同体也并非易事，需要各国之间达成和解并形成一种国际共识。而和解的达成、共识的形成需要经过复杂而又艰苦的外交谈判。但是自二战结束以来，外交丧失了原有的活力，它的作用降低了。外交必须获得新生。可见，在摩根索实现世界和平的几种方法中，外交是最基础的，也是当务之急。概言之，摩根索在《国家间政治》中指出的和平之路是一条漫长的风雨之路，但却是一条于此时此地可以借助外交前行的现实之路。

以上简要介绍了摩根索提出的几种通向世界和平之路的方法。下面，我们将逐一详细阐述每一种方法。在本章中主要介绍摩根索提出的几种"治标"方法。

裁军

所谓裁军，是指为了结束军备竞赛而削减或消除某些甚至全部军备。人们普遍相信，只要消除军备竞赛，国际社会就可以避免无秩序状态和战争。为了更好地理解裁军这一概念，摩根索对以下四组概念作了区分：裁军与武器管制、普遍裁军与局部裁军、数量裁军与质量裁军、常规裁军与核裁军。裁军是指削减或消除军备，而武器管制主要是指管理军备竞赛以便创造一定程度的军事稳定；普遍裁军是指所有有关国家都参加的那类裁军，而局部裁军仅仅涉及数量有限的国家；数量裁军是指全面削减大多数类型或所有类型的军备，而质量裁军则是指削减或消除某些特殊类型的军备；常规裁军很显然指的是对常规军备的削减或消除，核裁军则指的是对核武器的削减或消除。摩根索指出，作为一种旨在保障国际秩序与和平的方法，裁军在国际政治史上往往是失败多、成功少。摩根索曾列举过大量裁军失败的事例，也曾举证过一些裁军成功的事例。在此，我们只挑选其中的一部分事例来加以阐述。1816年，俄国沙皇向英国政府建议"同时削减各类武装部队"，英国国王在答复中建议以国际会议的形式来落实俄国的建议。在此次会议上，奥地利和法国对这一建议表示同情，但没有一个政府认真考虑过这一建议，因而这一建议也就一直未产生任何实际效果。拿破仑三世于1863年、1867年和1869年所提出的普遍削减军备的建议也遭遇类似的命运。1899年和1907年的两次海牙和平会议的主要目标之一就是裁军。参加会议的俄国代表曾对这两次会议就裁军问题所作出的努力进行评价时说："若说这一问题在 1899 年不成熟，那它在 1907 年也同样不成熟。过去未能依据决意的内容做任何事，今天的会议发现它自己和 1899 年会议一样，仍未准备着手采取行动。"国际联盟曾于 1932 年在日内瓦召开世界裁军会议，但随着德国后来的退出，世界裁军会议变得奄奄一息，用摩根索的话说就是："世界裁军会议是一次彻底的失败，未能达成任何类型的正式协定。"当然，裁军的努力并不是每次都以失败而告终，它也曾取得过一些成功。19 世纪唯一成功的裁军是 1817 年美国与加拿大签订的《拉什—巴戈特协定》。该协定明确规定在大湖区的海军力量必须被限定为吨位相等、军备相当的三艘军舰。直到今天，该协定依然有效。1922 年在华盛顿签订的《限制海军军备条约》（也称《华盛顿条约》），在摩根索看来，是裁军历史上集成功与失败于一身的一个突出案例。该条约成功地对各国主力舰作出了限制，但对主力舰之外的诸如巡洋舰、驱逐舰和潜水艇之类的任何其他舰只都没有作出任何限制。此外，在核裁军方面，1972 年和 1975 年的《限制战略武器协议》都属于成功的事例。

从历史上裁军成败的经验教训中，摩根索提炼出四个有关裁军的问题：

第一个问题，比例问题，即不同国家军备的比例应是多少。军备的比例问题向来是裁军委员会和裁军会议的首要议题。如何确定 A、B 两国的军备比例？是 A、B 两国的军备彼此相等，还是 A 优于 B，抑或是 B 优于 A？如果一方优于另一方，那程度又该如何？摩根索认为，这些问题只有在满足以下三项条件中的一项时才能找到满意的答案：①有关国家不参与同别国的权力竞争；②一国或一个国家集团对另一国或另一国家集团拥有优势，因而能够把一个有利于自己的比例强加给对方；③两个或更多的国家发现，参与有节制的而非自由的权力竞争是有利的，在协定的限度内参加军备竞赛而非疯狂地进行军备竞赛是有利的。条件①的典型范例是美国与加拿大签订的《拉什—巴戈特协定》。之所以能成功确定军备比例、达成裁军协定，就是因为美、加两国之间事实上不存在权力竞争。1922年《华盛顿条约》对军备比例的成功确定，是因为它既满足了条件①，又满足了条件②。就当时的英、美关系而言，它们之间是没有权力竞争的。而美、英与日本的关系则表明，美、英对日本拥有权力优势，因而能够把一个有利于自己的比例强加给日本。条件③的典型范例是 1935 年的《英德海军协定》。该协定确定的军备比例之所以能达成，是因为它使英、德双方的利益都得到了不同程度的体现。摩根索提醒人们注意的是，在上述提及的所有成功裁军例子中，裁军都是由两个国家或数量很少的国家议定的，因而都属于局部裁军。换言之，历史上为数极少的那几次成功的裁军尝试事实上都属于局部裁军，因为只有局部裁军才能具备上述三项基本条件，而只有在满足三项基本条件中的一项时才有可能达成关于军备比例的协定。在摩根索看来，由多数国家或所有国家参与的普遍裁军，在军备比例上达成协议的可能性是零，"因为有关各国所进行的持续不断的竞争使达成军备比例协定成为不可能之举"。诸如两次海牙和平会议、1932 年日内瓦会议、联合国裁军委员会等，之所以全部遭到失败，原因就是这个。

第二个问题，分配标准问题。不同国家间的军备比例是裁军必须解决的首要问题，一旦这个问题得到了解决，另一个问题就如期而至了，即在已定的军备比例之内，应该按照什么样的标准来为不同国家分配不同类型、不同数量的军备。比如，假设法国和德国两国的军备比例是相等的，那么应该如何来分配双方的现役武装人员、预备民兵、重炮、飞机、坦克等军备的数量和类型呢？因为两国的军事需要肯定是不一样的，因此所需的军备的数量和类型肯定也是不一样的。摩根索认为，从理论上讲，裁军委员会在完成以下三重任务的情况下，是能成功确定一个分配标准的。这三重任务分别是：①评估各国遭受外国进攻的风险；②评估军备以外的防御能力，如地理位置、自然资源、工业能力、人口的数量和质量；③在以上两点的基础上再来评估所需的军备。但摩根索又指出，在国际社会的现实生活中，这三重任务其实是无法完成的。原因有三：首先，要想完成上述任务，就需要准确评估有关国家的权力，而这是无法做到了，前文已经阐述过理由。其次，要想完成上述任务，还需要评估有关国家的政治意图，而政治意图这东西向来是难以捉摸的。最后，要想完成上述任务，还要评估有关国家的实际和预计要采取的外交政策，而事实证明这也是难以做到的。

综上所述，摩根索总结道："无论问题涉及的是不同国家军备的总体比例，还是有关不同类型和数量的武器的分配标准，只要造成这些问题的权力冲突继续存在，这些问题就不可能自行获得解决。"

第三个问题，裁军意味着削减军备吗？假设军备比例问题和分配标准问题都解决了，也就是说，裁军协定成功达成了，那么，现在的问题就变成了：这些裁军协定对有关国家军备的质量和数量产生了什么样的影响，它们真的意味着削减有关国家的军备吗？摩根索通过分析 1922 年的《华盛顿条约》、1930年的《伦敦条约》、1935 年的《英德海军协定》等裁军协定的效果为我们提供了上述问题的答案。从《华盛顿条约》取得的实际效果来看，它的确对各国的某些海军军备起到了限制作用，但却没有对巡洋舰、驱逐舰和潜水艇等未来海战中的主力军备起到任何限制作用。《伦敦条约》是美国、英国和日本就巡洋舰、驱逐舰和潜水艇的吨位所达成的裁军协议。在摩根索看来，该条约事实上确立了一个三国都不许超过，美国和日本甚至都不可能达到的最高吨位限额，因此，该条约远非在削减三国军备，而是允许三国在最高吨位限额内增加军备。至于《英德海军协定》，它直截了当地规定德国可以在一定限度内重整海军军备，而这个限度是当时德国不可能达到的，因此，该协定非但没有削减德国军备，反而允许其增加军备。

第四个问题，裁军意味着和平吗？摩根索认为，前面所讲到的关于裁军的三个问题，都不是具有决定意义的问题，只能算是"开场白"而已，最重要的问题是：裁军与国际秩序、世界和平是怎样的关系，换言之，裁军是否意味着和平？裁军的鼓吹者相信，人们之所以战斗是因为他们拥有武器，因此，如果人们放弃一切武器，则一切战斗都将不存在。摩根索对这样的鼓吹者进行了有力的反驳。他认为，人们打仗并不是因为他们拥有武器，武器只是人们打仗时用到的工具。夺走这一工具，人们还会赤手空拳地搏斗或者寻求其他作战工具。人们打仗其实是因为人们之间存在着权力斗争。削减军备并不能对战争的发生造成实质性的影响，因为军备受到限制的国家会全力以赴地来改造他们所拥有的武器的质量，而且还可以积极研制新式武器。甚至可以说，完全消除军备也不能阻止战争的发生，因为还有其他战争工具可供处在权力斗争漩涡中的有关国家使用。尽管裁军的前景是如此的悲观，但摩根索还是肯定了裁军对确立国际秩序与和平的有限作用，他说："正像军备竞赛通过它所产生的恐惧和它所造成的负担加剧了权力斗争一样，裁军通过减缓政治紧张局势和在各国间建立对彼此目标的信任而促成了政治形势的改善。这就是裁军对确立国际秩序和维护国际和平所能作出的贡献。这是一个重要的贡献，但显然不是国际秩序与和平问题的解决办法。"

集体安全和国际警察部队

在一个有效的集体安全体系内，安全问题不再是个别国家所关心的问题，也无需由军备和其他国家权力要素来解决。安全于是成为所有国家关心的问题，他们将像保护自身安全那样去集体地保障这一体系中的任何一个国家的安全。摩根索指出："我为人人和人人为我是集体安全的口号。"如果 A 威胁了 B 的安全，C、D、E、F、G……将站在 B 的一边采取措施反对 A，反之亦然。摩根索认为，单从理论上讲，集体安全的逻辑是无懈可击的，但它是否能在现行的国际条件下得以实施呢？在摩根索看来，集体安全必须在满足以下三个条件的情况下才会成为可能，即①集体安全体系必须在任何时候都能够聚集到压倒性的优势力量，反对潜在的侵略者，使后者永远不敢对集体安全体系所维护的秩序提出挑战；②聚集在一起的所有国家必须对它们要保卫的安全有着相同的认识；③聚集在一起的所有国家还必须使它们相互冲突的政治利益服从于共同利益。摩根索认为，上述三项条件在理想的情况下也许能实现，但在国际政治实践中是不可能实现的。换言之，集体安全体系只有在理想的情况下才可以运转，它在当代世界上必定是行不通的。比如，1936 年，面对意大利侵略埃塞俄比亚，国际联盟曾寄希望于集体安全体系来制裁意大利。但当时的情形是，集体安全所赖以成功的那三项条件一个也不存在。于是对意大利的这种制裁最终难逃流产的命运。

在摩根索看来，建立国际警察部队的想法比集体安全的倡议前进了一步。因为集体安全每次纠集在一起的联合力量都是临时的，所以存在着不确定和不稳定的因素。而国际警察部队一旦成立，它就是固定的、永久的。虽然，《联合国宪章》第四十二条及其之后的诸项条款规定，各会员国有责任设立一支联合国武装部队，但摩根索指出，这种永久性的国际警察力量还一直没有被实践过。摩根索之所以这么说，是因为在他生活的年代，联合国确实没有在实践中成立过一支真正意义上的国际警察部队。但令摩根索没有想到的是，在他死后的时代里，国际社会在联合国的组织下确实成立了多支类似国际警察部队那样的维和部队。但是，这些维和部队有效阻止战争的发生了吗？答案是否定的。我们在日常生活中看到的更多的是，维和部队在保护平民、援助救济、战后重建等方面起到了重要作用，但是对阻止战争向来是无能为力的。

司法解决与和平变更

综上所述，要想通过裁军、集体安全或建立国际警察部队来维护国际秩序与世界和平是基本无望的。有人提出了另一种途径，即通过公正的国际法院对国际争端作出权威的判决，这样就可以用和平的方式消除导致战争发生的主要因素。然而，这种途径是行不通的，具体原因在国际法那一节里已经有所论述。

摩根索指出，政治争端，尤其是那些具有紧张性质的、关系到双方之间整体的权力分配的政治争端，是不可能通过司法途径来解决的。而这类性质的国际争端又往往是最有可能导致战争的发生。比如，当联合国通过一项决议，要求印度和巴基斯坦把克什米尔争端提交国际仲裁时，印度当时的总理尼赫鲁予以拒绝，他的理由是："重大政治问题——这一问题（克什米尔问题）就属重大问题——是不可以用这种方法交付外国的或任何国家的仲裁人的。"印、巴两国宁愿选择战争的方式，也不愿尝试用和平的方式来解决双方的争端。摩根索还提醒人们注意一个事实，所有那些同意把任何类型的国际争端交付司法解决的国家，都是那些与他国实际上没有可能发生有关整体权力分配的冲突，即不可能发生政治争端的国家，比如意大利与瑞士之间、丹麦与葡萄牙之间、比利时与瑞典之间等等。而且，摩根索还指出，常设国际仲裁法庭迄今（指摩根索生活的年代）所作的二十项判决中，没有一项可称之为政治性的。

除了上述的司法解决途径外，有些人还提出使用和平变更的方式来处理欲维护现状的国家与欲改变现状的国家之间的紧张状态，避免战争的爆发。摩根索虽然驳斥了这种观点，但他认为和平变更的方式，在国内是有可能实现的，"在国内社会中，现状和改变现状的要求之间的紧张状态，通常会在法院与立法机关的冲突中得到（和平）解决，法院是现状的护卫者，立法机关则是变更的提倡者"。在近代史上发生的反映紧张状态的许多国内重大论战，都是通过和平变更的方式加以解决的。比如，19世纪的英国，法院保守地护卫着现状，议会则鼓吹通过立法进行社会变革；二十世纪的二三十年代，美国国内也发生了一次类似的冲突，当时的法院维护放任主义的现状，抵制立法机关为改变现状而进行的社会立法和调控立法。在以上两例中，变更的主张最后都获胜了，但都是通过和平的方式获得的。摩根索认为，在国内有三种因素使和平变更成为可能：①公众的意见能够自由地表达；②社会和政治制度能够吸纳公共舆论压力；③国家能够捍卫新形成的现状，制止使用暴力。摩根索遗憾地指出，国内社会赖以履行和平变更的这三个因素，在国际社会中根本就不存在。因此，无论是司法解决，还是和平变更，都不可能和平解决国际争端、熄灭暴力之火。

国际政府

摩根索指出，自拿破仑战争以来，国际社会曾先后爆发了三次世界性的战争，每次战争结束后都有一次相应的建立国际政府的努力，以确保此后的国际秩序与和平。拿破仑战争之后成立了神圣同盟；第一次世界大战之后建立了国际联盟；第二次世界大战之后则出现了联合国。摩根索认为，对于每一个国际政府，我们都需要问以下三个问题：①这个政府统治权的归属何在，即谁来统治？②指导这个政府的正义原则是什么，即这个政府要实现何种意义上的共同利益？③这个政府在何种程度上能维护国际秩序与和平。

人们通常称之为神圣同盟的这一国际政府建立在三个条约的基础之上：1814 年 3 月 9 日的《肖蒙条约》、1815 年 11 月 20 日的《四国同盟条约》以及《神圣同盟条约》。在摩根索看来，神圣同盟是由大国操纵的国际政府，指导这个政府的正义原则就是在现状的基础上维护和平。他认为，两个先天缺陷注定了神圣同盟夭折的命运。一个是同盟中的两个主要成员国英、俄虽然都同意在维持现状原则的指导下行动，但是双方在这一原则的具体政治含义的解释上是截然对立的。一般来说，原则的具体含义是由各成员国的国家利益决定的。假如这些利益相吻合，同盟可以作为一个集体组织采取一致行动。但是，假如这些利益各不相同，同盟自然就无法运转。神圣同盟中的英、俄两国因为各自利益的不同，会经常发生一些利益冲突，这就势必会影响神圣同盟的正常运转。神圣同盟的另一个缺陷是，俄国、普鲁士和奥地利三国政府同意作为指导它们具体政治行为标准的正义原则——封建的君主主义，与神圣同盟统治地区内大部分居民所信奉的正义原则——自由主义和民族主义是截然不同的。政府的原则与居民的原则相冲突，促使神圣同盟常常只能凭借武力来保护或恢复君主制以及它们在全世界的属地，这也为其埋下了失败的种子。

与神圣同盟相比，国际联盟是一个实际存在的组织，有自己的法人资格、代表和机构。但是，在摩根索看来，国际联盟仍然是一个由各大国控制的国际政府，至少在涉及重大政治问题的领域是如此。指导这个政府的正义原则也是维持现状。他认为，国际联盟之所以未能制止任何重大战争，也未起到维持国际秩序与和平的作用，是因为它在章程、结构和政治三个方面存在着缺陷。第一，章程缺陷。《国际联盟盟约》并未宣布战争为非法，它只是不允许会员国在某些情况下进行战争，换言之，只要这些情况不存在，会员国仍可进行战争。所以，摩根索才会说，所有的会员国都"必将在国联的这一根本大法中，同时找到阻止某些战争的工具和使另外一些战争合法化的工具"。第二，结构缺陷。这一缺陷主要表现为：国际联盟内的权力分配并没有准确反映出国际社会真实的权力分配状况。在国联所处的时代，国际政治已不再是以欧洲为主导了，但国联的结构仍以欧洲为主导，法国和英国轮番支配着国联。当时，美国和苏联已经成为世界上两个潜在的、最强大的国家，可是，美国从未加入国联，苏联也仅仅是在后期才加入国联的。第三，政治缺陷。这一缺陷就是指各国都竞相追求自己的国家利益。

在摩根索看来，联合国是建立在三个政治假设之上的：第一，统一行动的大国将对付来自任何方面的对和平和安全的威胁；第二，它们联合起来的智慧和力量，足以应付所有这类威胁，而无需诉诸战争；第三，这类威胁将不会来自这些大国之中的任何一个。摩根索认为，这三个政治假设都没有经受住历史实践的考验。历史的实践是，当大国利益出现分歧时，大国不能一致行动，换言之，只有在罕见和例外的情况下，大国才能一致行动。并且，对世界和平与安全的主要威胁往往来自这些大国本身。正因为如此，自联合国成立以来，它未曾防止过任何战争的发生。但是，摩根索也肯定了联合国在缩短战争方面的作用。他曾提到，有明显的证据表明联合国对于缩短以下五次战争作出了重大贡献：1949 年在印度尼西亚、1949 年在巴勒斯坦、1956 年和 1973 年在埃及以及 1965 年在克什米尔。不过，联合国之所以能取得这些成果，是因为大国在缩短这些战争上具有共同利益或者至少它们中的任何一国都不会因为战争的拖延而获益。

世界国家

众所周知，国内社会的和平与秩序归因于国家的存在，因为国家在其领土范围内拥有至高无上的主权，从而强有力地维持着国内的和平与秩序。这便是霍布斯的理论：没有一个国家的存在，"每个人反对每个人"的战争将成为人类的普遍状态。

按照这个逻辑来推理，摩根索认为，可以得出一个结论，"即各国间的和平与秩序，只有在一个包容地球上所有国家的世界国家中才是有保障的"。

在摩根索看来，世界国家与普通的主权国家一样，一般都需要接受民众支持的三重检验：第一，世界上的所有民族是否都愿意接受一个世界国家？第二，他们是否愿意并能够采取维持世界国家生存的必要行动？第三，他们是否愿意并且有能力根据世界国家对他们的要求去做或者不去做某些事情？摩根索认为，答案必然是否定的。换言之，在目前世界的道德、社会和政治条件下，世界国家是无法通过民众支持的三重检验的，它是不能被建立的。

但是，国际的永久和平又需要一个世界国家，那我们该怎么办呢？人们曾经提出过两种解决的办法。第一种方法，通过世界征服建立世界国家，即由强大的国家通过征服世界上的其他的国家而建立的。对于这种方法，摩根索曾经作过评价。他说：通过世界征服而建立的"这样的一个世界国家将是一个极权主义的泥足怪兽，只要想一想这个怪兽就足以使人心惊胆战"。第二种方法，从瑞士和美国的例子中寻找灵感。只要国际社会能像瑞士那样采用一个联邦宪法，只要国际社会中的各国能像瑞士各邦那样彼此相待，世界国家的问题就解决了。或者是，国际社会能像美国那样通过一次制宪会议来建立世界国家，那么这也是可行的。摩根索在瑞士和美国的例子中发现，任何国家只有依赖于一个原先已存在的道德和政治共同体，才有望长期存在下去。申言之，世界共同体必须先于世界国家而存在。

世界共同体

人们通常会选择通过两种途径来建立世界共同体。第一，文化的途径，即依赖联合国教科文组织。该组织假定，教育、文化交流和一般而言可能增加不同国家人民之间的接触并促进他们相互理解的一切活动，必然会对世界共同体的创建及和平的维护作出贡献。但摩根索却不这么认为，他说，尽管联合国教科文组织有其巨大的内在价值，但它和世界共同体的问题是毫不相干的，因为它对阻碍形成世界共同体的病因的诊断完全是不对症的。世界共同体的问题是道德和政治的问题，而不是知识和艺术的问题。第二，功能的途径，即依赖联合国的其他专门机构。联合国有很多专门机构，这些机构的名称就显示出它们的职能：国际劳工组织、粮食及农业组织、国际复兴开发银行、国际货币基金组织、国际电信联盟、万国邮政联盟、国际民用航空组织、世界卫生组织，如此等等。在摩根索看来，这些组织都存在或多或少的问题，都不能对世界共同体的建立起到实质性的作用。

针对摩根索的成立世界国家维护世界和平的观点，许多人都提出了质疑。比如，一些人认为摩根索所设想的世界国家无论是在当下还是在遥远的未来，都不可能建立。因为国家主权是神圣不可侵犯的，永远也不可能被让渡。还有些人认为，即使摩根索提倡的世界国家能够建立，也不能保证世界的永久和平。就像在一个独立的主权国家内一样，虽然拥有统一的政府，但这个国家依然存在爆发内战的危险和可能。可见，世界国家虽然成立了，结束了国际社会的无政府状态，但是这不足以保证世界国家内的各个组成部分能够永久和平相处。

外交复兴

在指出为实现世界持久和平而开出的各种处方不足后，摩根索把最后的希望寄托在外交上。

外交可以说是最常用的解决国际争端，避免冲突战争，达成和解，形成共识，维护世界和平的手段。摩根索认为："战争的威胁和冲突的隐患会持续存在，只有通过外交行动不断调整相互冲突的利益，才能将战争的威胁和冲突减至最小。"但是，外交方式是多种多样的，而只有好的外交方式才能实现上述所有目的。摩根索对 20 世纪以前的欧洲传统外交方式和手段赞赏不已，并主张要恢复这种传统外交方式。因为传统的外交方式是讲究艺术的。但是，现代外交开始衰落了，它丢掉了传统外交的许多优点。在摩根索看来，外交的"衰落"指的是外交公开化、职业外交家的作用被降低了、超级大国的国际地位与外交经验不足之间的矛盾，如此等等。为了使现代外交进行得更加顺利、有效，摩根索提出了四项外交原则：必须摒弃在外交上向他国兴师问罪的做法；必须以国家利益界定外交政策的目标，必须有足够的力量促成其实现；每个国家都必须从其他国家的角度出发考虑国际政治问题；国家必须善于在一切无关宏旨的问题上作出妥协。摩根索之所以反对公开外交，反对外交过多受舆论干扰，是因为他相信只有传统的秘密外交才能更加有效地实行上述四项原则。在他看来，公众考虑外交问题总是情绪化的、非理性的，常带有政治的偏见和宗教式的狂热。如果外交家让自己的行动被公众舆论束缚住手脚，那势必会影响到外交政策的有效制定和执行。

　　摩根索一方面肯定了外交在抑制冲突和维护国际和平方面的巨大作用，另一方面也指出了外交的局限。他说，权力政治领域不因外交协调而丧失政治性，"这种调和只不过是一种权宜之计，它是令人不安的、不稳定的，甚至是自相矛盾的"。

　　摩根索关于恢复传统外交方式的主张，遭到诸多的非议。比如，美国著名国际政治学家卡尔·多伊奇就曾质疑过摩根索提倡的外交方式。在摩根索看来，外交应该仅仅是少数职业外交家的事，而多伊奇则认为：在现代社会，"无论是福是祸，像一切政治一样，外交政策再也不可能完全由少数几个人所决定了"。

第 8 章

结 语

　　摩根索的理论，尤其是权力斗争理论部分受到的争议很多，但这并没有降低摩根索理论的巨大影响和深远意义。

瑕不掩瑜

　　有人说摩根索就是个权力迷。在摩根索的一生中，他都在为权力政治理论而斗争。摩根索一生不断遭到一些人批判的原因，也主要在于此。在 20 世纪 40 年代末期，摩根索由于坚持他的权力政治理论，被他的自由主义学派对手们称为是美国学术界"第一号敌人"。值得注意的是，摩根索虽然终其一生孜孜不倦地研究权力，但是，他却无意权力的角逐。他是这样告诉人们的："虽然，我在专业上一直对研究权力感兴趣，就是说，对权力现象感兴趣，但是，在我个人的生活中，我对权力从来不在意"；"我的观点永远是如果人们需要我，我愿意服务，但我不愿意费丝毫的力气去角逐权力"。见证两次世界大战的摩根索，能深深地体认权力政治、权力角逐给世界带来的悲惨境遇。他骨子里是痛恨权力斗争、渴望世界和平的。学界一般认为，摩根索对国际政治的最大贡献在于发现了国际政治的本质——权力斗争，但是摩根索本人并没有把此项贡献当成自己的终极目标。换言之，摩根索的最大理论贡献是论证权力斗争，其终极人生目标则是找到一条通向世界和平的康庄大道。肯尼思·汤普森教授曾就摩根索的代表作《国家间政治》的副标题——权力斗争与和平——进行过点评："摩根索对政治冲动的着力考察符合该著副标题前半部分（权力斗争）之意；他提倡建立约束这种权力冲动的机制，又符合副标题后半部分（和平）之意。"

其他对摩根索的批评主要包括以下几个方面：第一，来自理想主义的批评。理想主义虽然在与摩根索的现实主义的直接交锋中败下阵来，但是一直心有不甘，无时不在寻觅摩氏理论中的瑕疵和漏洞。第二，政治家有时候也宣称本国外交政策所追求的不仅仅是实现本国利益，而且包含更为高尚的目标和原则，比如人权、人道主义、自由、民主等。第三，一些学者认为摩根索对"政治"所下的定义——为权力而斗争，似有商榷之处，既不全面，也不准确。古往今来，有许多政治学家对"政治"所做的概念诠释都比摩根索的更科学化、更全面化，也更具适应性。还有一种常见的批评，就是一些学者认为，在国际政治舞台上，活跃着许多非国家性质的国际行为主体，它们一般都游离于国家权力之外，因此，摩根索把"国际政治"解释成"为权力而斗争的"是有失偏颇的。

诚然，以上对权力政治理论的批评都有一定的合理之处，也就是说摩根索的理论并不是完美无瑕的。但是瑕不掩瑜，无论是当时，还是当下，摩根索的权力政治理论都是国际政治学领域最为重要的理论之一。它在分析国际政治、国际关系、外交事务等方面的有效性和实用性是一般国际政治理论无法比拟的。

游荡的幽灵

应当承认，在摩根索生活的那个年代，在国际政治研究中批评那种不切实际的道德说教和"理想主义"，代之以冷静客观的现实主义，是有开创性和启蒙意义的。

在摩根索的年代，主导国际政治先是惨烈的两次世界大战，后是可能引发第三次世界大战的美、苏冷战。但是，随着大国核战争的阴霾在苏联解体后逐渐消散，并且由于利益交错以及安全机制和危机管理机制的建设，大国之间爆发大规模军事冲突的可能性也逐渐减少，因此，以维护世界总体和平为初衷的摩根索理论，也从"经典"慢慢走向"古典"。但"古典"并非意味着过时和死亡，一批自称新现实主义的理论家既继承了摩根索的衣钵，又结合新的国际现实，并借助系统论等最新方法，对摩氏理论加以推演和修正。20世纪70年代以来，现实主义理论有重新抬头之势。

虽不可以说摩氏理论永远能像其鼎盛时期那样，在国际政治学界占据着主导地位，但是毫无疑问，摩根索的理论思想已在西方特别是美国生根，并将继续在国际政治学界牢固地占有一席之地，影响着一代又一代的国际政治学人。正如摩根索的门徒肯尼思·汤普森教授所说的："摩根索所理解的现实主义关于国际生活的一些基本观点在冷战之后及反恐战争之际仍然是有效的"，"并未因苏联的垮台而丧失其敏锐性"。

在可预见的未来，摩根索以及他的权力政治理论会像一个"幽灵"，一如既往地游荡在我们的上空！

附 录

年 谱

1904 年　2 月 17 日，摩根索出生于德国小镇科堡。

1922 年　纳粹势力在科堡取得胜利，摩根索因为自己的犹太人身份而受到歧视、排挤甚至迫害。摩根索在一篇题为"我所期望的未来及其实现的基础"的作文中，表达了自己想成为伟大的思想家的理想，希望自己的名字和著作能永远流传。4 月 11 日，因为学习成绩最优秀而当选为学生代表，在学校毕业典礼上作毕业致辞。

1923 年　春，以第一名的成绩高中毕业。在他的毕业证书上，德文、历史、地理、宗教都是"非常优秀"，其他的科目如拉丁文、法文、数学、物理也是"优秀"，只有体育的成绩稍差。凭借优异的成绩成功拿到法兰克福大学录取通知书。一个学期后，转学到慕尼黑大学。9月，摩根索放弃了自己最感兴趣的文学专业，转而攻读更有经济前景的法律专业。

1924 年　夏，成为一个激进组织——犹太德国国家主义学生军团——的副主席，并于次年升为主席。该组织是一个为德国、为荣誉而献身的决斗组织。

1925 年　转到柏林的弗雷德里希·维尔海姆大学读了一年，并于次年返回慕尼黑。

1927 年　3 月，大学毕业后，开始一边准备法律统考，一边做法律实习生，主要是在基层法院和州法院做法官助理。

1928 年　博士论文《国际法中司法功能的特性和局限》在审稿的教授那里大受好评，并略作精简后于次年出版。

1931 年　5 月 22 日，得到普鲁士司法部长公开授予的法官助手称号，但在此前，摩根索决定今后绝不在法律事务中发展，而把学术研究作为自己的终身职业。

1932 年　2 月 17 日，在 28 岁生日的当天离开德国，前往瑞士执教日内瓦大学，讲授公共法。

1933 年　夏，完成了二百五十页的关于法律规则现状的资格论文。该文顺利通过专家评估，摩根索取得教授资格。该文后来被修改成论著并以法文的形式公开出版，书名为《政治概念和国际争端》。

1935 年　被马德里国际政治研究所聘任，主要承担三项工作：一是给国际法专业的学生讲课；二是完成在应聘时承诺的关于国际法的研究报告；三是做一个关于国际法和国际政治，特别是与西班牙相关的国际战略的研究。摩根索终于同他相恋十一年的女友爱玛·托曼步入婚姻殿堂。

1936 年　在与马德里国际政治研究所续签了一个为期三年的合同后，偕新婚妻子去意大利蜜月旅行。但在离开马德里三天后，西班牙内战爆发，后辗转去了巴黎，在那里靠爱玛的亲戚帮助勉强度日。

1937 年　7 月 28 日，踏上美国国土。因为偶然的机遇来到纽约布鲁克林大学做临时的代课教师，讲授"比较政治""美国政府和政治理论"。

1939 年　1 月，摩根索前往堪萨斯城大学执教。

1943 年　摩根索加入美国国籍，有了第一个孩子，另外还意外获得了执教芝加哥大学的机会。

1946 年　出版了第一本英文著作《科学的人对抗权力政治》。

1948 年　9 月，出版了轰动美国国际政治学界的著作《国家间政治》。

1949 年　被任命为芝加哥大学政治科学和现代历史的正教授。

1950 年至 1980 年　做了一千三百多场正式的客座报告，在此期间还拒绝了一千多场报告。

1957 年后　陆续收到萨尔斯堡、马德里、日内瓦等著名大学的客座教授的聘书。

1958 年　当选为美国艺术与科学学院院士。

1962 年后　获得了七个荣誉博士学位。

1963 年　在一份"谁是对美国政治科学作出最重要贡献的人"的调查问卷中，摩根索在所有的候选人当中排在第三位，在国际政治领域排在第一位。

1972 年　在由《纽约时报》发起的推选现代最著名的美国知识分子中，摩根索名列第 21 位。

1980 年　去世，享年 76 岁。次年，美国设立了"汉斯·摩根索奖"，用以奖励在国际政治理论和美国对外政策方面有杰出贡献的人士。

主要著作

1.《国际法中司法功能的特性和局限》（由其博士论文修改而成的专著），1929 年。

2.《政治概念和国际争端》（由其资格论文修改而成的专著），1933 年。

3.《科学的人对抗权力政治》，1946 年。

4.《和平、安全与联合国》（与他人合著），1946 年。

5.《国家间政治——权力斗争与和平》，1948 年。

6.《国际政治的原则与问题》（与肯尼思·汤普森等人合著），1950 年。

7.《捍卫国家利益》，1951 年。

8.《德国与欧洲的未来》（与他人合著），1951 年。

9.《政治学的困境》，1958 年。

10.《国际政治中的现实主义》（论文），1958 年。

11.《给哥伦比亚人的一封信》（论文），1959 年。

12.《美国政治的目的》，1960 年。

13.《道德与外交政策》（与肯尼思·汤普森合著的论文），1960 年。

14.《美国：它的目的和它的权力》（论文），1960 年。

15.《20 世纪的政治》（第三卷），1962 年。

16.《十字路口的论文：对美国未来的诊断》，1965 年。

17.《越南与美国》，1965 年。

18.《在越南，我们正在欺骗自己》（时评），1965年。

19.《干涉还是不干涉》（论文），1967年。

20.《美国的新格局》（论文），1968年。

21.《一个新的美国外交政策》，1969年。

22.《对比》（论文），1969年。

23.《美国现在的惨境》（论文），1969年。

24.《真理与权力：1960—1970年间的论文集》，1970年。

25.《科学：仆人还是主人?》，1972年。

26.《缓和政策的问题》（论文），1976年。

27.《民防：一场新的争论》（与尼茨等人合著的论文），1979年。

28.《人权与外交政策》（与他人合著的论文），1979年。

29.《顶端的瘫痪》（论文），1980年。

30.《美国的收缩》（论文），1981年。

31.《自我保护》（论文），1982年。

32.《关于林肯的信仰和政治观的论文集》（与大卫·海因合著），1983年。